현대 중국의 이해

김인호 지음

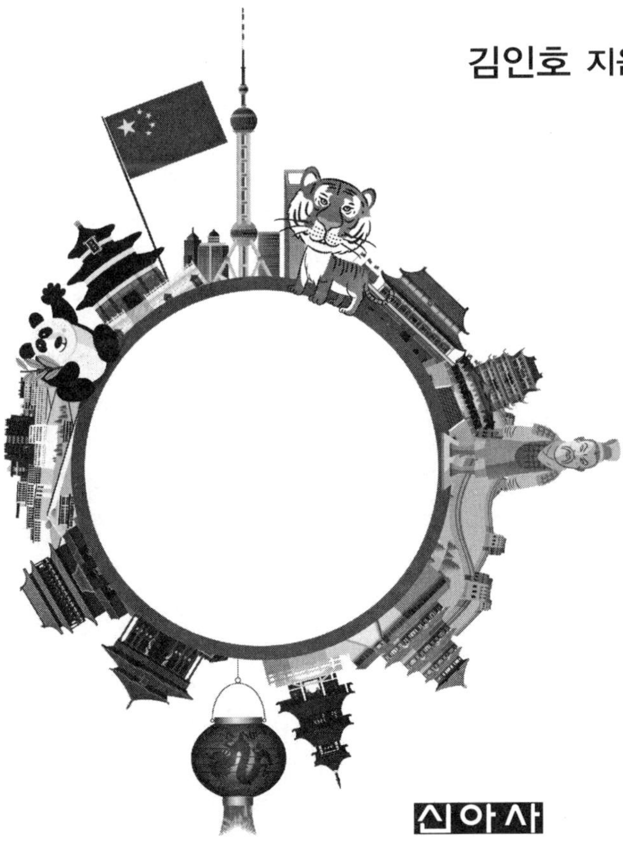

現代中國理解

신아사

서언

개혁 개방 속에서 무섭게 변하고 있는 14억의 지금 중국을 정확하게 이해하기란 참으로 어렵다. 보는 사람의 각도에 따라, 중국에서 접한 각자의 서로 다른 경험에 따라, 중국을 서로 다르게 이해하고 설명할 수 있을 것이다. 어쩌면 급변하는 거대 중국을 설명하는 것은 소경 코끼리 만진 꼴로 서로 단편적인 것이 될 수밖에 없을지도 모르겠다. 또한 지금의 중국을 정확하게 설명했다 할지라도 조금만 시간이 지나면 이미 옛 중국을 설명하는 것이 될 지도 모르겠으며, 또한 당시의 중국을 정확하게 설명한 것이 되지 않을 수도 있다. 그렇다고 해서 지금의 중국을 설명하는 책을 내어놓지 않을 수도 없다.

지금의 중국은 우리는 반드시 이해하여야 할 아주 중요한 나라임에 틀림없다. 중국은 우리나라의 경제문제·통일문제 등에 있어서도 아주 중요한 역할을 하는 나라이고, 또한 앞으로 더욱 그렇게 될 것이기 때문이다. 무역에 있어서 중국은 이미 우리에게 아주 중요한 나라가 되었으며, 또한 우리 민족의 숙원인 통일문제에 있어서도 중국의 긍정적인 역할 없이는 통일이 불가능한 것이 엄연한 사실이다. 21세기 미국과 더불어 분명 세계무대를 좌지우지할 중국은 우리에게 미국 못지않게 반드시 알고 이해하여야 할 나라임에 틀림없다. 우리가 중국을 알고 이해하는 것은 이제 와서 하나의 선택사항이 아니고 의무사항으로 변해 버렸다. 더욱이 앞으로 분명 좋든 싫든 중국과 우리는 가면 갈수록 밀접해지며 이해관계가 더욱 얽히고 설킬 것이다.

본 저서를 적으면서 지금의 대학생들이 한자를 굉장히 낯설어한다는 점에 유의하여, 가능하면 한자를 쓰지 않고 한글로 쓸려고 노력했다. 불가피하게 한자를 써야 하는 경우에도 한글(한자)로 써서 학생들이 쉽게 읽고 이해할 수 있도록 했다. 예를 들어 대련(大連)이라고 쓰는 것이다. 특히 인명이나 지명같은 고유명사인 경우 더욱 한글(한자) 형태로 쓰고자 했다. 또한 독자들의 흥미를 돋구기 위하여 관련 그림이나 사진도 함께 넣었다.

이 저서를 출판하게 된 이유는 우리 학생들에게 지금 중국에 대해 재미있게 강의할 수 있는 교재용으로 쓰기 위해서이다. 아무쪼록 본 저서를 통해 일반인들 그리고 일반 대학생들이 지금의 거대중국에 대해 약간의 이해가 증진되었으면 한다.

2,018년 가을 저자가

목차

현대 중국의 이해

1. 중국이란 단어의 원래 의미

중국(中國)이라는 단어에는 '세계의 중심(中)이 되는 나라(國)'라는 뜻이 들어 있으며, 중화(中華)란 '세계의 중심(中)에서 문화가 활짝 꽃(華)을 피운 나라'라는 의미가 들어있다. 또한 중국인들은 그들 민족과 그들 나라가 발생한 지역을 '중심(中)되는 들판(原)', '가운데(中) 들판(原)', '세계의 중앙(中)에 있는 들판(原)'이라는 의미로 중원(中原)이라고 불렀었다. 이들 중국, 중화, 중원이라는 단어에는 자기 나라에 대한 중국인들의 무한한 자부심이 들어있다 할 것이다.

또한 중국을 중국인들은 천하(天下)라고도 불렀는데, 이는 '천이라는 절대 신이 다스리는 아래(下) 지역', 혹은 '천(天)이라는 절대 신의 은택을 받는 아래(下) 지역'이라는 의미가 들어있다. 이 천하를 다스리는 황제를 중국인들은 절대신 천의 아들이라는 의미로 천자(天子)라고 불렀으며, 그 천자는 자신의 아버지의 명, 즉 천의 명을 받아 천하를 다스린다고 하여 이를 천명이라고 했다. 천자라고 불리는 중국의 황제들이 자신의 아버지라고 여긴 절대신 천의 명인 천명을 받아 천의 아래 지역인 천하를 다스린다는 뜻이다. 이를 천본주의 사상이라고 하는데, 천하·천자·천명의 이들 천본주의 사상에도 중국인들의 무한한 자부심 우월감이 들어있다고 하겠다.

중국에서는 그 먼 옛날부터 중국이란 땅에서 인간이 살아온 이후 청제국이 공식적으로 망하고 중화민국이 선 1,912년까지, 중국이란 땅의 주인은 오직 천과 그의 명(天命)을 받는 천자 뿐이었다고 할 수 있다. 1,912년 손문의 신해혁명으로 천자 즉 황제(帝)가 주인 되는 나라인 '제국'을 무너뜨리고 국민이 주인 되는 중화'민국'을 세우기 이전까지 수천 년 동안을 중국의 주인은 천과 천의 아들(子)이라고 불리는 황제뿐이었고, 나머지는 모두 부림당하고 지배당하는 사람들이라 할 수 있다.

〈중국 최초의 황제 진시황. 중국의 황제를 하늘의 아들이란 뜻으로 天子라고 불렀다.〉

중국에서 민(民)이 주인 되는 나라인 '민국'이 세워진 것은 지금으로부터 100여 년이 조금 넘는 1,912년의 일이다. 그 이후 중화'인민'공화국, 중화'민'국처럼 국호에 '인민' 혹은 '민'이라는 용어를 사용하여, '인민' 혹은 '민'이 모든 주권을 가지고 있다는 주권재민(主權在民) 사상을 드러내고 있다. 중국이란 땅에서 100여 년 전만 하여도 그 어느 누구도 모든 주권이 민에서 나온다는 주권재민 사상을 믿지 않았고, 오직 모든 주권은 천과 천자(황제)에게만 있다는 주권재천(主權在天) 사상만을 믿은 것이다. 옛 중국의 천자들은 천인 뜻인 천명을 빙자하여, 실제로는 독재 전제정치를 하였다. 이 천본주의 사상은 중국에서 천자의 독재 전제정치를 합리화시켜주는 이데올로기로서의 역할을 하였다 할 것이다.

우리나라도 고대의 모든 국가를 왕이 주인 되는 나라라는 뜻인 '왕국'으로 불러왔었다. 예를 들어 신라왕국 고려왕국 조선왕국이 그것이다. 그러나 조선말기 일본의 영향으로 조선이 중국의 속국이 아니라는 의미에서, 황제가 주인 되는 나라라는 의미로 대한'제국'을 고종이 잠시 세운 적이 있다. 그 뒤 상해 임시정부에서는 국민이 주인 되는 나라라는 의미에서 대한'민국'이라고 국호를 했는데, 지금의 국호는 여기에서 나온 것이다. 그 후에 세워진 나라들은 모두 모든 주권이 국민(인민)에게 있다는 것을 밝히기 위해, 대한'민국', 조선민주주의 '인민'공화국으로 불렀다.

모택동은 장개석 군대를 물리치고 전 중국을 해방시키고 난 뒤, 1,949년 10월 1일 천안문에 올라가 중화인민공화국(People's Republic of China, 약호는 PRC)의 성립을 전 세계에 선포하였는데, 중화인민공화국이라는 국호는 1,949년 9월 북경에서 열린 정치협상회의 제1차 전체회의에서 결정되었으며, 국가의 성격을 "신민주주의(新民主主義), 즉 인민민주주의 국가로서 노동자계급이 지도하고 노농동맹(勞農同盟)을 기초로 한다."라고 규정했다. 여기에서 말하는 인민이란 노동자 농민계급과 그들을 돕는 계층만을 뜻한다. 고로 자본가, 지주, 구 귀족 등은 인민에 속하지 않아, 중화인민공화국 즉 중국은 그들의 나라가 아니라는 의미가 들어있다. 이에 반해 대만으로 쫓겨 온 장개석 정부는 삼민주의(三民主義: 民族주의, 民生주의, 民權주의)를 바탕으로 자유민주체제인 중화민국을 이끌었다. China라는 용어는 중국을 최초로 천하 통일한 진나라를 서양인들이 음역하여 전해진 것이다. 또한 지나(支那)도 진에서 나온 글자로 중국을 가리킨다.

2. 중국의 지리

1) 면적과 위치

중국이란 나라는 황하강 중 상류지역(즉 중원지방)에서 여러 작은 나라들이 서로 다투면서 생겨나기 시작했는데, 이를 기반으로 지금의 커다란 중국이 성립되었다. 지금의 중국 주요영역은 대개 18세기 이후의 청의 영토와 거의 일치한다.

북단은 흑룡강의 막하(漠河)에서부터 남단은 남사군도의 증모암사(曾母暗沙)까지 대략 5,500km인데, 아한대 온대 아열대가 분포한다. 이런 위도 차이로 말미암아 흑룡강성이 혹한인 겨울에도 남쪽의 해남도는 여전히 아열대 기후를 유지하고 있다. 그러나 대부분의 지역은 사계절이 뚜렷한 온대에 속한다고 할 것이다. 동단은 흑룡강과 우수리강의 합류점에서부터 서단은 파미르고원의 서쪽 끝에 이르기까지 대략 5,200km로 그 시차는 4시간여에 달한다.

국토 면적은 러시아와 캐나다 미국 다음으로 4번째로 넓으며, 지금의 유럽 땅덩어리보다 넓다. 면적은 약 960만km^{2}로 한반도의 44배 남한의 95배에 달한다. 중국의 영토는 미국보다 약간 작은데, 비슷한 땅넓이에 미국은 3.2억 명이 살고 중국은 14억 명이 살고 있다. 중국의 변경은 약 22,800km로써, 북한, 러시아, 몽고, 카자크스탄 공화국, 아프가니스탄, 파키스탄, 인도, 네팔, 부탄, 식킴, 미얀마, 라오스, 베트남 등 13개국과 국경을 접하고 있다.

중국은 광활한 육지 외에도 드넓은 영해와 수많은 도서를 지니고 있다. 영해인 발해, 황해, 동해, 남해를 합치면 470여 km^2나 된다. 중국의 해안선 총 길이는 18,000km로써 연안에는 양호한 조건의 많은 항구도시들이 있는데, 북쪽에서 남쪽으로 내려오면서 대련(大連), 진황도(秦皇島), 천진(天津), 연태(煙臺), 청도(青島), 남통(南通), 상해(上海), 영파(寧波), 온주(溫州), 복건(福建), 하문(廈門), 심천(深圳), 주해(珠海), 광주(廣州), 북해(北海) 등의 큰 항구도시가 있다. 이들 연해 항구도시들은 해외운송 및 국제무역에 매우 편리한 입지조건을 지녀, 일찍부터 대외개방이 가장 활발하게 진행된 지역으로 외국 자본과 기업이 이미 많이

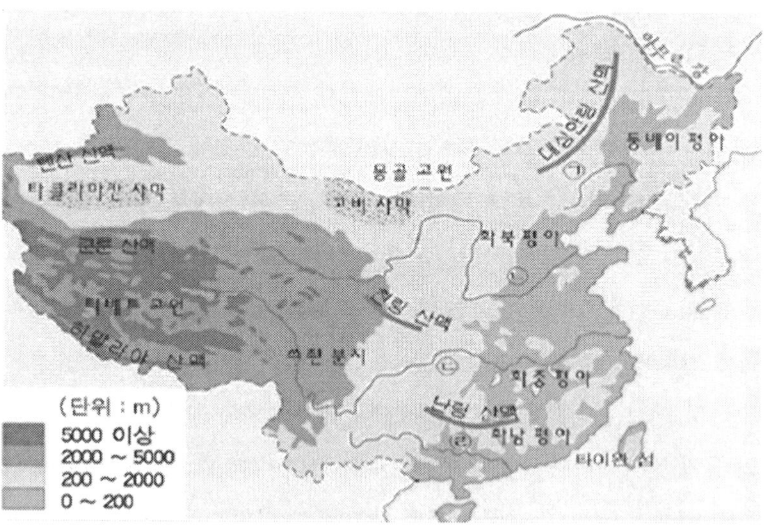

〈중국 지형도〉

들어와 있는데, 중국에서 경제가 아주 발달되어 있다. 중국의 도서는 6,536개가 있으며, 도서들의 총면적은 80,000km^{2}이다. 이 중 가장 큰 섬은 대만섬이고 다음이 해남도이다.

2) 지형의 특징(西高東低의 지형)

첫째, 중국 지형은 서쪽이 높고 동쪽이 낮은 서고동저의 특징을 가지고 있다. 이런 지형의 특징으로 말미암아 노강(怒江) 같이 남쪽의 인도양으로 흘러 들어가는 강도 있기는 하지만, 양자강 황하강 흑룡강 같은 대다수 강은 이런 지세를 따라 서에서 동으로 흐른다. 그리고 중국은 역사적으로 서쪽의 유목민족들이 농경문화 지역인 중국을 지속적으로 침략해왔고, 이와 더불어 많은 문화와 문물을 가져다주었기 때문에, 중국인들은 모든 것의 근원이 서쪽에 있다고 믿었었다. 철기문화나 스키타이문화 같은 것이 모두 중앙아시아로부터 동쪽의 중국에 유입되었으며, 불교도 서쪽의 인도로부터 유입되었다. 서양인들이 동쪽(오리엔트)에 모든 것의 근원이 있다고 믿은 것과는 반대로, 중국인들은 서쪽에 모든 것의 근원이 있다고 믿어 서쪽에 대한 관심은 옛날부터 많았던 것이다. 서쪽에 대한 이런 관심이 비단길(실트로드)을 뚫었다고 생각되며, 또한 ≪서유기≫ 같은 작품을 짓게 되는 계기가 되었다 하겠다.

둘째, 중국은 고도 차가 크며 지형지세가 다양하다. 지구의 지붕이라고 하는 티벳고원에는 8천m 이상 되는 높은 봉우리가 있는가 하면, 신강 틀한 분지의 애정호(艾丁湖)는 해면보다 154m 낮으니, 그 표고차는 9,000m에 달한다 하겠다.

셋째, 중국은 다양한 지형으로 이루어져 있는데, 서남부지역인 티벳지역은 고원으로, 서부지역인 신강지역은 사막지역으로, 북부지역인 몽고지역은 초원지역으로, 동북부지역인 만주지역은 삼림지역으로, 남부지역인 운귀(雲貴)고원은 빗물로 침식된 카르스트지형으로, 중부지역은 산악지역으로, 동부 해안지역은 평지로 이루어져 그 지형이 다양하기 그지없다. 크게 보아 서부 신강지역과 북부 몽고지역은 건조한 유목문화지대이고, 중동부지역은 주로 습윤한 정착한 농경문화지대이다.

넷째, 계절적으로도 흑룡강성은 겨울이 기나, 해남도는 여름이 길고 겨울이 거의 없다시피 하며, 동부 해안지역은 온난 습윤하고 사계절이 뚜렷하지만, 서부지역은 매우 건조하다. 중국은 이런 다양한 지형과 넓은 국토를 가진 만큼 산물과 지하자원도 풍부하다. 중국인들은 이를 가리켜 '지대물박(地大物博)'이라고 한다. 이런 다양한 지형과 기후는 다양한 농산물을 만들어 내어 그 지방 특유의 산물로 만든 음식문화를 굉장히 발달하게 만들었다.

중국에서 가장 긴 강은 장강으로 6,300km로서 세계에서 3번째로 길다. 이 강은 청장(青藏)고원에서 발원하고 유역면적이 180만km^2로서 전 국토의 19%를 점한다. 황하는 5,464km이며, 흑룡강이 3,420km, 남부의 주강이 2,197km로 이를 중국의 4대 강이라고 부른다. 황하강은 물 무게의 1/3 정도가 진흙으로 이루어져 있어 배 띄우기가 힘들어 이 지역에서는 옛날부터 교통수단으로 말이 주로 이용되었으나, 남방의 양자강은 그렇지 않아 사천성 성도(成都)까지 올라가는 수로교통이 옛날부터 발달하였다. 이를 중국에서는 '남선북마(南船北馬)'라고 한다.

중국에는 호수도 많아 면적이 1km^2 이상이 되는 것이 2,800개 이고, 그 중 1,000km^2 이상인 호수도 13개나 있다. 중국의 4대 담수(淡水) 호수로는 파양호(鄱陽湖), 동정호(洞庭湖), 태호(太湖), 홍택호(洪澤湖)를 들 수 있으며, 내륙 호수로는 청해(青海)호수가 4,583km^{2}로 가장 크며 그 외에도 흥개(興凱)호수, 호륜(呼倫)호수, 납목(納木)호수 등이 있다.

중국의 국토는 33%가 산지, 26%가 고원, 19%가 분지, 10%가 구릉, 12%가 평원으로 이루어져 있다. 그리고 전 국토의 40% 정도는 사람들이 거주하기 힘든 지역으로 이루어져 있는데, 북경과 사천성 수도 성도를 잇는 서쪽 지역은 인구밀도가 소밀하다. 중국 인구는 14억에 가까와 실제 중국인 1인당 경지 면적은 세계 평균의 1/3, 초원은 1/2, 삼림은 1/8 밖에 되지 않는다. 인구에 비해 적은 경지 면적으로 말미암아 옛날부터 많은 중국인들을 먹여 살리는 것이 중국 정부의 가장 큰 고민거리였다. 중국이 다른 나라들로 하여금 패권주의를 추구한다는 의심을 받으면서까지 영토문제(대만문제, 남중국해문제)에 저렇게 집착하는 것은 14억이나 되는 인구를 먹여 살리기 위해서는 더 많은 영토와 자원을 확보해 두어야 한다는 초조감이 드러나 있다고 보아야 할 것이다.

3) 토지와 농업

만리장성 이남의 서북 중국의 약 10만 평방 마일은 황토로 덮여 있는데, 최소 30m에서 90m의 두께로 되어 있다. 이는 수십만 년 동안 중앙아시아에서 부는 바람이 몽고와 중국 북부지방의 흙먼지를 황하강 중 상류지역에 쏟아 부은 결과이다. 지금 중국 정부는 이 황사바람을 막아 중원의 농토를 보존하고 또한 사막화를 막기 위해 중원의 서북지역에 대대적으로 식수작업을 하고 있지만, 인간의 힘으로 황사바람이라는 이 거대한 자연의 힘을 막기에는 역부족이라고 할 수 있다.

이 충적토인 황토는 우량이 적은 곳에서는 분해되지 않아 영양분을 고스란히 함유한 비옥한 화북 평원을 이루었다. 이 화북 평원 즉 중원을 기반으로 중국이란 나라와 중화민족 그리고 황하문명이 발생한 것이다. 또한 이 황토는 특이하게도 수직으로 갈라지는 특징을 가지고 있어, 쉽게 토굴 같은 것을 만들어 옛 중국 조상들은 화북 평야의 황토 토굴 안에 주로 거주하며 농사를 지었다.

황하의 침전물 퇴적으로 황하의 강바닥이 높아져 황하강이 범람한 경우가 많았고, 또한 어떤 경우에는 강수량이 적어 가뭄이 든 경우도 적지 않았다. 이런 범람과 가뭄이 든 경우에는 민심이 흉흉해져 민란과 정변이 이 중원지방을 중심으로 그치지를 않았다. 그래서 고대 중국 제왕들의 최대 임무는 황하를 다스리는 것, 즉 치수작업이었다. 치수에 성공한 임금은 성군이고 그렇지 못한 임금은 심지어 축출되기까

〈황토고원의 토굴 모습〉

지 했다. 역사적으로 제방이 터져 황하의 물줄기는 수십 번도 넘게 바뀌었는데, 지금은 그 하류가 산동성을 지나간다.

화남지방은 농업을 위해서는 이상적인 기후이나 지나친 강우에 의한 토지 영양분의 여과와 수천 년간의 경작으로 지력이 많이 고갈되었다. 또한 양자강 중부지역은 주로 산악지역인데, 이 중 15%만 경작할 수 있다. 이 화남지방은 겨울에는 보리나 야채 여름에는 벼를 이모작 하는데, 화남지방이 화북 지방보다 물산이 풍부하고 기후도 따뜻해 인구가 조밀하고 식생활 수준도 높은 편이다.

지금 중국은 개혁 개방정책으로 급격히 도시화 공업화의 길을 걷고 있는데, 이로 말미암아 농촌의 많은 젊은이들이 농촌을 이탈 도시로 도시로 몰려드는 '탈농입도(脫農入都)'의 현상이 일어나고 있는데, 이를 '민공(民工)'이라고 부르고 있다. 그런 현상이 있기는 하지만 그러나 아직까지 중국 인구의 반 이상이 농촌에 거주하고 있다.

지금의 중국 농사는 거의 대부분 인간의 육체적인 노동에 의존하는데, 만약 대부분의 농사가 기계화되어 버린다면 많은 농민들이 실업을 면치 못해, 특수한 지역(만주 북대황(北大荒)지역)을 제외하고는 대부분 기계화 농업을 할 수 없다고 해야 할 것이다.

중국의 논농사는 서양의 밀농사와 달리 손이 많이 간다. 이에 중국의 농사는 많은 노동력을 필요로 하기 때문에, 중국은 옛날부터 다산을 장려했는데 특히 아들 낳기를 원하는 남아선호 사상을 낳은 하나의 원인이 되기도 했다. 중국의 가정이 전통적으로 대가족 중심이고, 또한 농촌에는 향약이나 두레 계 같은 것이 발달한 것도 중국의 농사가 많은 노동력을 집단으로 협동하여 투입해야 하기 때문이었다. 모심을 때 혹은 벼 벨 때 온 가족이 혹은 온 마을 사람들이 함께 일한다.

농경민족은 발을 주로 이용하는 유목민족과는 달리 손으로 작업하는 기술이 아주 뛰어나다. 모심기 밭매기 벼베기 등등 대부분의 농경생활은 발을 이용하는 것이 아니라 손을 이용하기 때문이다. 이에 중국인들은 원래부터 손기술이 뛰어나, 옛날부터 수공예품(자수제품, 바구니세공품, 칠기 금은세공품, 도자기, 담요)이 아주 뛰어나고, 또한 젓가락질과 공업기술도 뛰어나다. 중국에서 벼농사 외에도 손이 많이 가는 차농사(tea)와 양잠(비단)이 발달한 것도 중국인의 손재주와 깊은 관련이 있다고 할 것이다. 발로하는 축구는 못하지만 손으로 정교하게 하는 탁구가 중국의 국기인 것도 그 이유라고 보여 진다. 벼와 양잠 그리고 차농사는 주로 화남지방에서 이루어졌는데, 양잠과 차농사는 여자들이 맡았다. 중국은 차문화가 굉장히 발달하였다.

4) 유목민족의 생활과 변천

만리장성 이남의 중국은 집약적인 농경문화 지역이지만, 만리장성 이북과 서부지역은 비가 적게 오는 초원지대와 사막지대로 이루어져 있어 옛날부터 농사를 지을 수가 없었다. 그래서 그 지역들은 먼 옛날부터 유목을 하며 살아가는 유목민들의 삶의 터전이 되었다. 그들 유목민들은 계절의 변화에 따라 풀이 많이 나는 곳으로, 말과 양떼를 몰고 돌아다니는 방랑생활을 계속하여 왔다. 인구밀도가 낮은 그 곳에는 물물교역의 목적으로 그리고 이동하는 동안 쉬기 위해 오아시스 근처에 드문드문 조그마한 도시가 발달했었다.

이들 중앙아시아 유목민들은 태어나면서 말과 함께 하는 인마일체(人馬一體)의 삶을 살면서, 사냥 목축 전쟁과 정복에는 천부적인 역량을 쌓아왔었다. 다른 사람의 말과 양을 약탈하기 위해 혹은 농경지역의 농산물을 훔치기 위해 그들 유목민들은 침략전쟁으로 일평생을 보냈다고 해도 크게 틀린 말이 아니다.

그들은 처음에 터키 계통의 언어를 주로 사용했으나, 후에는 주로 몽고 계통의 언어를 사용한 아주 호전적이고 남성적인 민족이었다. 동북쪽에 산 퉁구스 계통의 유목민들은 오랜 기간을 거쳐 중국의 높은 문명에 접해 많은 기술을 습득하여, 4세기부터 14세기까지 그들 동북방의 유목민들은 중국의 정치에 일정한 역할을 담당하였다. 주변 유목민들이 중국의 정치와 외교에 끼친 영향은 막대하다. 중국 주변의 유목민들에 대해 정확히 이해하지 못한다면, 실은 중국의 정치와 외교를 이해하기가 힘든 것이 엄연한 사실이다. 만주족이 청을 세운 후 몽고족과 동맹관계에 있다가 다시 그들을 정복하여 편입시켰고, 또한 티벳의 형식적 대군주가 되었다가 1,959년 인민해방군이 그 곳을 점령하였으며, 신강에 있는 터키계통의 사람(위구르족)을 정복하여, 그 이후 이 지역에 한족을 이주시킴으로 지금은 중국 영토가 되었다.

5) 황하와 양자강

중국 대부분의 하천은 중앙아시아 고지로부터 발원하여, 동쪽으로 흘러 중동부의 드넓은 들판을 적셔 중국인들에게 풍요를 가져다주었다. 황하는 5,464km로 발해만으로 부터 800km 정도 되는 하북 평원에 들어오면서부터 오랜 세월을 두고 그 자체가 운반한 황토가 강바닥에 쌓여 침전된 충적평야를 지난다. 여름의 홍수기에 서쪽 고원지대의 황토를 씻어내려 우렁차게 운반해 나가서 그 물이 누렇기 때문에 황하라고 부른다.

그러므로 황토가 강바닥에 쌓여 강바닥이 평야보다 더 높아져, 역대 통치자들은 항상 제방을 쌓아 황하의 범람을 막았다. 역대 황제의 최대 임무는 치수작업이었다. 보통 이 강물은 황토의 침전으로 강바닥이 높아져서 주변 평지보다 3m에서 12m나 높은 제방 사이를 흘러지나간다고 하니, 한 곳의 제방만 터져도 주변의 평야에는 엄청난 홍수가 난다고 할 것이다. 최근 들어 중국에서는 황하 상류에 대대적으로 댐을 쌓아 홍수를 막아보려고 하지만, 근본적인 해결 방법이 되지 못하고 있다. 물 무게의 3분의 1인 이 황토가 계속 강바닥에 쌓이는 것을 근대 과학으로도 막을 수 없는 것이다. 황하는 그래서 배도 다니지 못하는데, 중국인들은 이를 두고 중국에 황하가 있는 것을 '중국인의 비애'라고 한다. 계속 황토를 실어 날라 강바닥을 높이는 이런 황하는 그 주변 지역의 발달을 막는 근본 이유가 된다.

반면에 양자강은 황토가 없어 물이 아주 깨끗하다. 1만 톤이나 되는 기선이 630마일이나 되는 한구(漢口)까지 올라가며, 작은 기선들은 1,000마일까지 올라갈 수 있어 거의 티벳 지역에 까지 다다를 수가 있다. 양자강에는 동정호와 파양호, 태호 같은 넓이가 바다 같은 호수가 있어, 이들 호수들이 강의 수위를 조절하는 기능을 해 홍수가 별로 나지는 않으나, 어떨 땐 참혹한 홍수가 나기도 한다. 양자강 주변에는 명승고적이 많아 배를 타고 양자강을 일주 유람하기도 한다. 지금은 장강삼협(長江三峽)에 전무후무한 대규모 댐 공사를 하여 주변의 명승고적이 많이 사라졌다.

6) 다양한 기후

중국은 기본적으로 온대기후 지역이지만, 광활한 영토 탓에 지역별로 다양한 기후가 존재한다. 북쪽에서 남쪽으로 아한대, 중온대, 난온대, 아열대 순으로 위도에 따라 기후지역이 분포하는데, 온대와 아열대지역이 가장 광활하다고 할 수 있다. 중국 최남단인 해남도는 평균기온이 21도인 대표적인 아열대지역이라고 할 수 있는데, 야자수 등이 있어 중국인들에게 이국적인 느낌을 주는 곳이다. 광동, 운남, 대만 일부지역도 아열대지역이라 할 수 있는데, 평균 강수량이 1,600mm가 웃돌아 1년에 3모작도 가능한 지역이다. 절강, 복건, 광동, 강서장족자치구는 여름에는 열대지역에 가깝고 겨울에는 온대지역에 가까운 아열대지역이라고 할 수 있는데, 2모작이 가능하다. 하북평원으로 부터 동북3성까지는 계절적 기온 편차가 심한 중온대, 난온대지역으로 비교적 추운지역에도 잘 견디는 밀과 보리가 주로 생산된다. 또한 흑룡강성 일부지역은 겨울에 매우 추운 아한대지역이라고 할 수 있다.

한편 대륙은 습윤지역과 건조지역으로 구분되는데, 동남부로부터 서북쪽으로 갈수록 강수량과 지형의 차이로 삼림 초원 사막지대가 차례로 나타나 건조한 지역으로 변한다. 습윤한 지역은 농경문화 지역이라 보면 되고, 건조한 지역은 대체로 옛부터 유목문화 지역이라 보면 된다. 또한 청해성과 티벳 지역은 평균 고도가 6,000m나 되는 고원지역이라고 할 수 있다.

7) 남방인과 북방인의 기질 차이

중국의 북방인 화북지방은 환경이 춥고 거칠며 바람도 심하여 황량하다. 그리고 그 지역은 황토지대이고 밭이 많으며 사람들은 주로 말을 타고 다녔다. 그러나 중국의 남방인 화남지방은 환경이 따뜻하고 온화하며 강과 호수가 많다. 그리고 그 지역에서는 논농사를 주로 하고 사람들은 교통수단으로 배를 많이 이용하였다.

이런 기후와 지역적 차이로 말미암아 화북지방의 북방인과 화남지방의 남방인은 그 기질에서도 많이 차이가 난다. 북방인들은 대체로 체구가 크고 성격이 거칠며 현실적이고 대범하고 호쾌하다고 할 수 있다. 또한 보수적이고 관념적이며 봉건적이고 남성적이라 할 수 있다. 이에 북방인들 중에는 군인과 정치가가 많이 배출되었으며, 북방을 대표하는 철학으로는 현실적인 유가사상을 들 수 있다. 남방인들은 대체로 체구가 작고 성격이 온화하고 환상적이며 세심하다. 또한 민주 혁명적이고 정열적이며 개방적이고 여성적이라고 할 수 있다. 이에 남방인들 중에는 예술적인 문인·화가와 상인이 많았으며, 남방을 대표하는 철학으로는 환상적인 도가사상을 들 수 있다.

화북지방은 북방과 서방 유목인들과의 끊임없는 전쟁의 영향으로 남성적이고 현실주의적이 되었다고 할 수 있지만, 화남지방은 전형적인 농경문화 지역으로 풍요한 물산과 수려한 산수의 영향으로 여성적이고 환상적이 되었다고 할 수 있다. 이러한 남북의 환경 차이에서 오는 남북인들의 기질 차이는 그들의 철학·사상·음악·서예·예술 등등의 모든 분야에도 영향을 주었는데, 북방은 주로 타악기를 남방은 주로 현악기를, 북방은 빠른 행진곡 템포를 남방은 느린 춤곡 템포를 주로 사용하는 것도 이와 관련이 있다 하겠다. 또한 북방을 대표하는 ≪시경(詩經)≫은 현실적이고 소박한 민요의 특징을 갖고 있지만, 남방을 대표하는 ≪초사(楚辭)≫는 환상적이고 신화적인 무가의 특징을 갖는 것도 그것을 지은 북방인과 남방인의 기질 차이에서 오는 것이라 하겠다.

3. 중국의 행정구역

중국의 행정구역은 크게 성(省)급, 현(縣)급, 향(鄕)급의 3등급으로 구분된다. 성급은 우리의 시도에 해당하고, 현급은 우리도 시군에 해당하며, 향급은 우리의 읍면에 해당한다고 할 수 있다. 그 중 성급에는 성과 자치구 및 직할시 등이 있다. 현재 전국에 23개의 성과 5개의 자치구 및 4개의 직할시가 있다. 23개의 성은 흑룡강성(하얼빈시), 길림성(장춘시), 요녕성(심양시), 하북성(석가장시), 산동성(제남시), 강소성(남경시), 절강성(항주시), 복건성(복주시), 광동성(광주시), 강서성(남창시), 안휘성(합비시), 산서성(태원시), 하남성(정주시), 호북성(무한시), 호남성(장사시), 귀주성(귀양시), 운남성(곤명시), 사천성(성도시), 섬서성(서안시), 감숙성(난주시), 청해성(서녕시), 해남성(해구시), 대만성(대북시) 등이다. 이 중 대만성은 아직 중국에 귀속되어 있지 않다.

5개 자치구는 서장장족자치구(라사시), 신강위구르족자치구(우루무치시), 내몽고족자치구(호화호특시), 영하회족자치구(은천시), 광서장족자치구(남녕시) 등이다.

4개 직할시는 북경시, 상해시, 천진시, 중경시인데, 이 중 중경시는 1,997년 3월에 개최된 제 8기 전국인민대표대회 제 5차 회의에서 직할시 승격이 비준되었다. 중경은 인구 3천만 명으로 세계 최대의 도시이고 크기는 남한만하다.

이 외에 2개의 특별행정구가 있는데, 그것은 홍콩특별행정구와 마카오특별행정구로 영국과 포르투갈로 부터 주권을 이양받아 자본주의 체제를 그대로 인정해주는 고도의 자치를 행하는 지역이다.

이런 성급 행정구역 아래에 현, 시, 자치현, 자치주 등의 하부 행정단위가 있고, 그 밑에 향과 진이 있다. 직할시와 비교적 큰 도시 아래에는 구(區)와 현(縣)을 두며, 자치구 밑에는 현과 자치현 및 시 등의 하부 행정단위를 둔다. 자치구 자치주 자치현 등은 소수민족들이 자치를 행하는 행정단위들이다.

전통적으로 중국 전 지역을 6개 지역으로 나누어 이해하여 왔다. 즉, 東北區(요녕성, 길림성, 흑룡강성), 華北區(북경시, 천진시, 하북성, 산서성, 내몽고자치구), 華東區(상해시, 강소성, 절강성, 안휘성, 복건성, 강서성, 산동성), 中南區(하남성, 호북성, 호남성, 광동성, 해남성, 대만성, 광서장족자치구), 西南區(사천성, 귀주성, 운남성, 서장장족자치구), 西北區(섬서성, 감숙성, 청해성, 영하회족자치구, 신강위구르자치구) 등이 그것이다.

또한 지리·경제·정치·사회·문화·언어 등 다양한 요소를 포괄하는 총체적인 체제로서 보면, 중국 전 지역을 8개 지역으로 나눌 수 있다. 동북지역(요녕성, 길림성, 흑룡강성), 화북지역(하북성, 하남성, 산동성, 산서성), 화중지역(호북성, 호남성, 강서성), 화동지역(강소성, 안휘성, 절강성), 서북지역(섬서성, 감숙성, 청해성), 서남지역(사천성, 귀주성, 운남성), 연안도서지역(복건성, 광동성, 해남성, 대만성), 변방지역(광서장족자치구, 서장자치구, 신강위구르자치구, 내몽고자치구, 영하회족자치구) 등이 그것이다.

영하회족자치구
우루무치
신강위구르자치구
감숙성
내몽고자치구
후허트시
하북성
북경
천진
요녕성
심양
연길
대련
흑룡강성
하얼빈
장춘
청해성
서녕
은천
난주
서안
태원
석가장
제남
연태
위해
산서성
서장자치구
섬서성
하남성
정주
장소성
합비
남경
상해
사천성
라싸
성도
무한
호북성
안휘성
항주
남창
절강성
장사
강서성
귀주성
호남성
복주
운남성
귀양
곤명
광서장족자치구
남녕
광주
심천
해남성

〈중국의 행정구역도〉

4. 오성홍기와 국장과 국가의 의미

중화인민공화국의 국기를 오성홍기(五星紅旗)라고 부른다. 즉 다섯 개 별이 그려진 붉은 깃발이라는 뜻이다. 오성홍기의 붉은 바탕은 프롤레타리아 혁명, 즉 무산계급 혁명을 뜻한다. 모든 사회주의 국가의 국기에는 붉은색을 많이 사용하는 공통점이 있는데, 이는 유혈 무산계급 혁명을 뜻하는 것으로 즉 피를 의미한다. 또한 큰 별은 중국공산당을 대표하고, 작은 4개의 별들은 중화인민공화국 성립 시 중국인민들의 계층들, 즉 노동자계급, 농민계급, 도시소자산계급, 민족자산계급을 대표한다. 이 4개의 작은 별들은 중국공산당을 뜻하는 큰 별을 둘러싸고 있는데, 이는 중국공산당이 이들 4계급을 이끌어가고 동시에 이들 4계급이 중국공산당을 적극 옹호한다는 것을 의미한다. 별이 황색인 것은 황인종을 의미하며, 이는 황인종인 중국인을 뜻한다. 이 오성홍기의 설계자는 증련공(曾聯松)으로 상해시 제1, 2, 3, 4, 5기 정치협상위원회 위원과 제6기 정치협상회의 상임위원을 역임하고 1,987년 퇴임한 사람이다.

중국의 국장(國章; 국휘(國徽))은 오성홍기에 있는 다섯 개의 별 즉 오성(五星)이 윗 쪽에 있고, 가운데는 중국의 상징인 천안문이 있으며, 주변으로 둘러싸며 이삭과 톱니바퀴가 그려져 있다. 중국 헌법에 "중화

〈중국 국기 오성홍기〉

인민공화국의 국장은 중간의 다섯 개 별이 천안문을 비추고 주위는 곡식과 톱니바퀴로 이루어졌다."고 규정하고 있다. 이삭은 농민, 톱니바퀴는 노동자를 뜻하는 것으로, 이는 중국이 노동자 농민의 나라임을 나타내고 있다. 이는 5.4운동 이래 신민주주의 혁명과 노동자계급이 영도하고 노동자 농민계급의 연맹을 기초로 한 인민민주주의 독재의 사회주의 체제 신중국의 탄생을 의미한다. 이 국장의 설계자는 고장(高莊)으로 그는 공예 미술 방면에 조예가 깊었으며, 예술방면에 많은 후진을 양성했고, 중국의 공예 미술교육에 탁월하게 공헌한 사람이다.

중국의 국가는 처음 서비홍(徐悲鴻)이 〈의용군행진곡〉으로 국가를 대신할 것을 제의했는데, 1,949년 9월 27일에 개최된 중국 인민정치협상회의 전체회의에서 이 제의가 받아들여져, 〈의용군행진곡〉이 국가로 정식 확정되었다. 이 곡은 괴이(聶耳)가 작곡하고 전한(田漢)이 작사했다. 〈의용군행진곡〉의 탄생은 항일시기 중인 1,935년 초에 전한이 항일 혁명사기를 고무시키기 위하여 작사했는데, 같은 해 상해에서 상영된 항일 전선의 이야기를 주제로 한 영화 ≪풍운아녀(風雲兒女)≫의 주제곡이 되기도 했다. 항일전쟁 시 의용군(지원군)을 모집하면서 부르던 노래이기 때문에 이 〈의용군행진곡〉에는 항일의식이 많이 고취되어 있다.

〈중국 국장〉

5. 중국의 정치체계

중국의 정치는 당(黨)·정(政)·군(軍)의 3 요소로 이루어져 있다. 중국 헌법에는 "중화인민공화국의 모든 주권은 인민에게 속한다."라고 되어 있다. 여기에서 말하는 '인민'이란 자유민주주의 국가에서 말하는 국민의 뜻과는 엄연히 다른데, 공산당의 지도노선을 받아들이고 사회주의 건설을 지지하는 사람을 뜻한다. 즉 노동자 농민과 그들을 돕는 계층만을 인민이라고 하는 것이다.

우리의 국회와 지방의회와 같은 역할을 하는 곳을 전국인민대표대회·지방인민대표대회라고 한다. 인민대표대회는 국가의사의 최고 결정기관이며, 전국인민대표대회는 헌법상 국가의 최고 권력기관이다. 국가의사의 집행기관은 행정과 사법으로 나누어진다. 전자에는 중앙인민정부인 국무원과 각급 지방정부가 있고, 후자에는 최고인민법원과 각급 지방 인민법원 그리고 최고인민검사원과 각급 지방인민검사원이 있다.

전인대(全人代)는 헌법의 개정, 법률 제정, 당중앙위원회가 제안한 국무원 총리 이하의 인선, 경제계획, 예산안 심의, 전쟁과 평화에 관한 결정 등을 다룬다. 대표의 임기는 5년이며 1년에 최소 1회 이상의 회의를 해야 한다. 만 18세 이상의 공민은 선거권 및 피선거권이 있는데,

3인 이상의 추천이 있으면 자유롭게 인민대표로 입후보할 수 있다. 인민대표는 지역을 대표하는 대표와 민족을 대표하는 대표, 그리고 각 직능단체를 대표하는 대표로 구성되어 있는데, 일반적으로 2~3천여 명으로 이루어져 있다. 이 전인대는 우리나라의 국회와 그 성격이 유사하나, 우리의 국회보다 권한이 막강하다고 할 수 있다.

이 인민대표대회는 1년 내내 열 수가 없으므로, 인민대표대회가 폐회된 기간에는 이를 대신해 항상 여는 상설기관인 상무위원회가 설치되어 그 직무를 대행한다. 전국인민대표대회 상무위원회는 우리의 국회와 유사하고, 각 지방인민대표대회 상무위원회는 우리의 각 지방의회와 성격이 유사하다고 할 수 있다. 전인대 상무위원의 경우 그 직권은 전인대 선거의 주재, 전인대 회의의 소집, 헌법과 법률의 해석과 법령제정, 국무원 최고인민법원 최고인민검사원의 활동 감독, 1급 행정구 국가권력기관의 부적당한 결의의 수정 취소, 국무원 총리의 제의에 의한 국무원 구성인원의 임명, 최고인민법원 부원장 최고인민검사원 부검사장의 임면, 조약비준과 폐기의 결정, 특사의 결정, 전쟁상태 선언의 결정, 재외 전권대표의 임면 등이다. 전인대 또는 상무위원회의 결정에 따라 법률의 공포, 조약의 비준 등을 하는 것은 전인대 상무위원회 주석이며, 또 외국사절 접수 등을 행하는 데서 일반적으로 국가원수로 간주되고 있다. 실제로 1,975년부터 1,982년까지 국가 주석직이 폐지되었는데, 이 때 상무위원회 주석이 국가 원수직을 맡았었다. 시 관할구 이상 급에는 모두 그 지방 인민대표대회가 설치되어 있는데, 지방의 인민대표대회와 그 상무위원회는 지방권력과 행정에 대해 위와 똑같은 일을 맡아 행한다.

중국의 헌법에서는 당의 국가에 대한 지도성을 규정하고, 또한 공민의 가장 중요한 의무는 당의 지도에 대한 지지라고 하며, 당이 전체 공민에게 절대적인 존재임을 명시하고 있다. 중국 무장력의 통수권은 당 중앙군사위원회 주석에게 있고, 지금 당 중앙군사위 주석은 시진핑이다. 전인대가 국무원 총리의 인선을 결정함에 있어서는 당 중앙위원회의 제의에 의해서 한다는 규정도 있다. 모든 국가적 결정에 공산당의 우위를 인정한 것이다.

중국공산당은 러시아 10월 혁명에 자극되어 코민테른의 원조를 받아 1,921년 7월 1일 진독수(陳獨秀)·이대교(李大釗)·모택동(毛澤東) 등 12인의 대표가 상해에서 창당하였다. 제1차 국내혁명전쟁[제1차 국공합작시대]·제2차 국내혁명[강서소비에트시대]·항일전쟁[제2차 국공합작시대]·제3차 국내혁명전쟁[일본패망 후의 국공내전]을 통하여, 1,949년 10월 1일 공산정권을 수립하였다.

중국공산당 최고 지도기관은 중앙위원회와 여기에서 선출된 중앙규율검사위원회이다. 집행기관인 중앙위원회에는 중앙조직부·중앙대외연락부·중앙선전부 등이 있고, 신화통신사, 중앙방송사업국, 인민일보사, 홍기(紅旗)잡지사 따위의 언론기관도 당에 소속된 관영매체들이다. 공산당의 지방조직은 당위원회 또는 당지부라 칭하고, 해당되는 각급 행정조직과 각 단위(單位)를 지도한다. 공산당을 이끌어가는 사람들을 서기라고 부르며, 각 단위마다 서기가 있다. 또한 18세 이전의 젊은이들은 대부분 소년단과 공산청년단[共靑團]에 가입한다.

공산당 우위의 국가인 중국에서는 공산당원이라야만 국가기관과 국영기업체의 주요직을 맡을 수 있다. 그래서 지금 많은 중국인들이 출세를 위하여 입당하려고 한다. 특히 공직이나 공기업에서 고위직에 오르기 위해서는 반드시 공산당원이라야 한다. 어떤 이는 자신의 출세를 위해 공산당에 가입하기 위하여 열렬히 막스 레닌주의와 현 중국 정부를 찬양하기도 한다. 일반적으로 직장을 구하기 이전인 학생 시절에 입당을 해야만, 나중에 직장을 구할 때 좋은 직장을 얻을 수 있다. 그러나 입당자 가운데 막스 레닌주의의 진정한 신봉자가 아니며, 단지 출세의 도구로 입당하고자 하는 자도 적지 않다. 지금 공산당원은 근 9,000만 명에 가깝다. 앞으로 중국을 이끌고 나갈 지식분자들을 많이 입당시키려고 노력하고 있고, 또한 지금에 와서는 자본가들도 입당이 가능하다. 지금 많은 당원들이 인민을 위해 복무하지 않고, 실은 인민 위에 군림하며 권력과 축재를 하여 부패되어 있다. 당원의 최대임무는 단지 "인민을 위해 복무한다[爲人民服務]"고 하여, 권력과 돈 그리고 기득권을 추구하지 않는다고 하나, 실은 권력과 돈을 버는 한 수단으로 당원이 되고 있는 것이 엄연한 현실이다. 그러나 진정으로 막스 레닌주의에 회의를 느끼거나, 졸업한 뒤 일반 기업에 취직하려는 젊은이들은 일부러 공산당 입당을 신청하지 않기도 한다.

중국은 공산당 일당독재라고 하여 공산당 이 외에 그 어떤 당도 없는 것으로 여겨지기도 하지만, 실은 공산당을 옆에서 보좌해 주는 우당이 있다. 이들 당은 공산당의 기본강령과 정책에 반대할 수 없기 때문에, 자유 민주국가에서 흔히 보는 야당과는 다르다. 중국에는 국민당·민진당 등의 9개 우당과 여러 민주단체들이 존재한다. 중국 공산당은 대만의 정치세력과 정치적 협상을 통해 통일하기를 원하기 때문에, 대만에 있는 정치세력들이 중국 본토에 모두 있는 것이 특징이다. 중국 공산당은 제3차 국공합작을 통해 대만과의 평화통일을 추구하고 있다. 이들 9개 우당파들이 모여 이룬 정치결사체가 바로 정치협상회의이다. 중앙에 정치협상회의 전국위원회가 있고, 또한 시급 이상의

〈중국의 상징 천안문〉

지방에 각각 정치협상회의 지방위원회가 있다. 이 정치협상회의는 중앙정부와 각 지방정부의 사업계획과 결과를 보고받고 심의할 수 있다. 지금 정치협상회의 전국위원회 주석은 일반적으로 당 서열 4위가 맡는 역으로 되어 있다.

1) 중국공산당

중국 헌법에는 중국을 "노동자계급이 주도하는 노농동맹에 기초한 인민민주독재의 사회주의 국가"로 규정했으며, 또한 막스 레닌주의에 입각한 당과 국가 조직의 이원적인 통치 아래에 있다고 했다. 공산당과 국가조직은 형식적으로는 구분되어 있어 당의 역할은 정치적 이념적 조직적인 지도에 국한되어 있으나, 실은 당이 대부분의 중요한 정책결정을 내리고, 국가조직은 이러한 결정을 집행하기 위한 입법·사법·행정기능을 담당하고 있다. 따라서 사회주의 국가 중국에서는 삼권분립이 적용되지 않을 뿐만 아니라, 행정권이 우위에 있고 또한 각 행정기구도 다시 당 위원회를 통해 당의 지도를 받게 됨으로 정치·경제·사회·군사 등 모든 분야에서 당의 우위를 인정한다.

중국공산당은 모든 정치권력의 근원이다. 따라서 국가의 중요한 정치·경제·사회·군사적 목표와 정책을 결정하고, 그것을 각 분야의 국가기관을 통해 집행 처리하는 것을 감독 통제한다. 공산당 조직은 중앙조직과 省급 이하 행정단위를 기초로 설치한 지방조직, 그리고 기층행정단위(鄕 鎭)와 각종 생산단위 및 인민해방군 중대급 부대 내의 당 지부인 기층조직으로 구성되어 있다.

(1) 중앙조직

① 전국대표대회

중국공산당 전국대표대회는 명목상 의전상 최고기관으로, 특별한 경우를 제외하고는 5년에 1번 중앙위원회에 의해 소집된다. 그러나 전국대표대회는 대표들이 모여 토의하기에는 너무나 인원이 방대해 부적합하기 때문에 보통 중앙위원회의 결정 사항을 추인하는 형식을 취하며 회기 또한 1~2주에 불과하다. 이 대회의 대표 정원 및 선출방법은 중앙위원회가 결정하는데, 보통 2,000명 내외이다. 구체적인 의사결정 과정은 공개되지 않고 있으나, 중앙의 권력판도를 반영하며 대표들은 각 성(省) 및 구(區)급 지방당에서 선출된다. 전국대표대회의 기능은 중앙위원회와 중앙기율검사위원회의 보고 청취 및 심사, 당의 중대 문제에 대한 토론 및 결정, 당장(黨章; 당의 규약)의 개정, 중앙위원회와 중앙기율검사위원회의 위원 선출 등이다. 이 중 가장 중요한 것이 중앙위원회 위원의 선출이지만, 통상 위원 후보자 예비 명부가 당 고위층에 의해 작성되고, 전국대표대회는 형식적인 승인을 하는 거수기 정도의 역할만을 한다.

② 중앙위원회

중앙위원회는 당의 최고 정책심의기구로서 전국대표대회 폐회 기간 중 전국대표대회의 결의를 집행하고 당의 모든 활동을 지도하며, 대외적으로 중국공산당을 대표한다. 중앙위원회는 중앙과 지방의 당정 핵심간부로 구성되어 있다.

중앙위원회 위원들의 임기는 5년이지만, 전국대표대회가 앞당겨지거나 연기되는 경우 그에 준하여 임기도 변경된다. 중앙위원회는 당력 5년 이상의 정위원과 후보위원으로 구성되며, 전체회의는 중앙정치국에 의해 매년 1회 이상 소집된다. 중앙위원회 위원과 후보위원 정수는 전국대표대회에서 결정된다.

중앙위원회도 그 규모로 보아 정책결정기구로서 너무 방대해 비효율적이다. 따라서 정치국이나 정치국 상무위원회에서 내정된 정책이나 중앙기구의 인사 변동 상황들을 형식적으로 발의 승인 비준하는 것이 보통이다. 중앙위원회 전체회의에서 중앙정치국위원, 중앙정치국 상무위원회 위원 및 중앙위원회 서기를 선출한다.

③ 중앙정치국과 중앙정치국 상무위원회

중앙정치국과 중앙정치국 상무위원회는 중앙위원회 폐회 기간 중 중앙위원회의 권한을 행사하며, 당정의 모든 정책을 최종 결정할 뿐만 아니라, 당정군의 고위 간부들에 대한 인사권을 장악한 권력의 핵심 기구이다. 특히 상무위원회는 1,956년 제8기 당대회 이후 설치된 중국 최고의 통치집단으로, 중국의 정치를 움직이는 중앙의 엘리트 그룹이라고 할 수 있다.

중앙정치국 위원은 제13기의 14명에서 제14기에는 20명, 제15기에는 22명(상무위원 7명 포함)으로 계속 증원되어 왔다. 2,017년 10월에 중

중국공산당 제19차 전국대표대회 개최(시진핑 2기 집권)

중국 공산당 정치국 상무위원 새로 진입한 5인(순서는 서열순)	
	리잔수(67) **•전인대 상무위원장** •시진핑계 •허베이성 •하얼빈 공대 석사 •구이저우성 당서기, 중앙판공청 주임
	왕양(62) **•정협 주석** •공청단 •안후이성 •중앙당교 · 중국과학기술대학 •충칭시 · 광둥성 서기, 부총리
	왕후닝(62) **•중앙서기처 서기** •시진핑계 •산둥성 •상하이사범대 · 푸단대 •중앙정책연구실 주임
	자오러지(60) **•중앙기율검사위원회 서기** •시진핑계 •칭하이성(호적은 산시성) •베이징대 •칭하이성 · 산시성 당서기, 중앙조직 부장
	한정(63) **•경제담당 부총리** •상이방 •상하이 •화둥사범대 •상하이시 시장, 서기

〈새로 선출된 중국공산당 정치국 상무위원 모습.
이들과 시진핑 국가주석 리커창 국무원총리 등 7인으로 정치국 상무위원이 구성되었다.〉

국공산당 제19기 전체회의에서 발표된 7명의 정치국 상무위원은 총서기 겸 국가주석 겸 중앙군사위 주석인 시진핑, 국무원 총리인 리커창, 전국인민대표대회 상무위원회 주석인 리잔수, 정치협상회의 주석인 왕양, 당의 행정 전반을 관장하는 중앙서기처 서기인 왕후닝, 당의 인사 및 기율을 담당하는 중앙기율 검사위의 서기인 자오러지, 경제 담당 부총리인 한정이 선출되었다. 중국은 이들 7인의 상무위원들의 합의제로 국가를 운영한다고 할 수 있다. 상무위원은 홀수 인원으로 구성하는 것이 일반적인데, 이는 짝수 인원인 경우 의견이 반으로 나뉘어 합의에 이르지 못하는 것을 막기 위해서이다. 이들 7인이 14억 중국을 이끈다고 할 수 있으니, 1인당 2억에 해당해 원만한 나라의 국가수반에 해당한다고 할 수 있다.

④ 중앙서기처

중앙서기처는 1,956년부터 1,966년 기간 동안 존속했던 기구로, 당의 각종 부서를 지휘 감독하는 행정 참모기관이었으나, 문화대혁명 당시 폐지되었다가 1,980년 2월 당 제11기 5중 전회에서 부활했다. 현재의 중앙 서기처는 상무위원회의 지도 아래 당 중앙의 일상 업무를 관장하는 행정기구이며, 정책결정기구는 아니다. 중앙서기처의 구성원은 중앙정치국 상무위원회의 지명을 거쳐 중앙위원회 전체회의에서 선출된다. 2,017년 선출된 정치국 상무위원 중 당 서열 5위인 왕후닝이 맡았는데, 9,000만 명이 넘는 공산당원들을 관리하는 행정적 총책임자라 할 수 있다. 또한 중앙서기처 서기는 중앙당교 교장을 맡아 전 고위 공산당원들의 사상을 교육하고 책임지는 역할도 수행한다.

⑤ 중앙위원회 총서기

1,921년 창당 이후 1,935년 준의(遵義)회의까지 중국공산당은 소련 공산당의 서기장제와 마찬가지로 총서기 중심 체제로 운영되었다. 1,935년 이후 당의 최고 권한은 중앙정치국으로 이양되었고, 이어서 1,945년 연안(延安)에서 개최된 제 7기 당대회에서 총서기직이 공식적으로 폐지되었다. 1,956년 제8기 당대회에서 총서기제가 부활되어 당 행정의 실무조정을 책임지는 최고위직이 되었으나 직책의 중요성은 축소되었으며, 문혁기간 중 다시 폐지되었다. 그러나 1,980년 제 11기 5중 전회에서 총서기제가 다시 부활된 후, 1,982년 제 12기 당대회에서 당주석직을 폐지시킴에 따라 총서기는 당의 최고지도자가 되었다. 총서기는 중앙정치국 회의와 상무위원회 회의를 소집하고, 중앙서기처의 업무를 주재한다. 1,989년 천안문 사태 이후 조자양(趙紫陽)이 총서기직에서 실각하고 깅택민(江澤民)이 승계하여 중국공산당을 대표했다가, 후진타오를 거쳐 지금은 시진핑이 맡고 있다. 시진핑이가 중국에서 권력이 가장 높은 것은 그가 국가주석이나 당 중앙군사위원회 주석이기 때문이 아니고, 당 권력의 최고 정점에 있는 중국공산당 총서기이기 때문이다. 모택동, 등소평, 강택민, 후진타오 시진핑으로 내려오며, 지금은 시진핑을 중심으로 한 혁명 5세대가 중국을 이끌고 있다.

〈중국 국가 서열 1위인 당총서기 겸 국가주석 겸 당 중앙군사위 주석인 시진핑 모습〉

⑥ 중앙기율검사위원회

중앙기율검사위원회는 1,978년 12월 당 제11기 3중 전회에서 설치되었는데, 문혁 기간에 폐지된 중앙감찰위원회를 대체한 기구이다. 중앙기율검사위원회는 준 독립적인 지방조직을 가질 뿐만 아니라, 중앙위원회의 지도 아래 당원의 부패와 비행을 척결하는 등 당풍을 유지하고 당의 노선 정책과 결의를 집행하는 포괄적인 기능을 보유하고 있다. 당정 간부들의 부패와의 전쟁을 벌이고 있는 시진핑 시대의 지금 중앙기율검사위원회의 역할이 막강하다. 중국의 모든 사정기관(검찰 공안 법원 등)은 중앙기율검사위의 통제를 받는다. 지금 당의 인사 및 기율을 담당하는 중앙기율검사위의 서기는 정치국 상무위원 중 한명인 자오러지가 맡는데, 그는 당 서열 6위이다.

⑦ 중앙군사위원회

중앙군사위원회는 군내 당의 활동을 관리하는 업무를 담당하며, 특히 산하기구인 인민해방군 총정치부를 통해 군 내부에서의 정치공작을 책임진다. 당 중앙군사위원회는 주석과 부주석을 포함한 상무위원들을 중심으로 운영되며, 구성원은 중앙위원회에서 선출된다. 중앙군사위는 오랜 역사를 가진 기구로서, 모택동은 1,935년 준의회의 이후 1,976년 사망 때까지 당 중앙위 주석과 함께 당 중앙군사위 주석을 겸임했다. 그 후 화국봉(華國鋒)에 의해 승계되었다가, 1,981년 등소평이 주석으로 선출되었다. 1,989년 천안문 사태 이후 강택민이가 맡았다. 지금은 시진핑이 당 중앙군사위원회 주석직을 맡고 있다. 중국의 인민해방군은 중국공산당이 장악한 당의 군대라고 보면 된다. 사회주의 국가는 모든 권력은 총구에서 나온다고 믿게 때문에 군의 권력이 막강하다. 그래서 일반적으로 당 총서기가 당 중앙군사위원회 주석직을 겸임하는 경우가 대부분이다.

⑧ 중앙고문위원회

1,982년 제12기 당대회에서 신설된 중앙고문위는 당의 방침과 정책 결정 및 집행에 대한 의견을 개진하고 자문에 응하며, 중앙위가 처리할 주요 사안에 협조하고, 당의 중요방침과 정책을 당 내외에 홍보하는 등 중앙위가 위임한 제반 업무에 대한 참모 기능을 담당한다. 중앙고문위원은 40년 이상의 당력을 가진 자로 정치경험이 풍부하고 명망이 높은 자 중에 선출한다. 그러나 실제로는 지도층의 세대교체와 년경화(年輕化)를 위해 설치된 당 원로원의 성격을 지녔는데, 1,992년 제14기 당대회에서 폐지되었다.

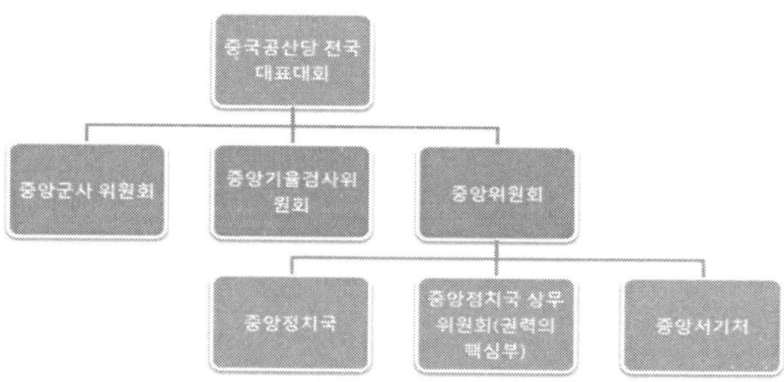

〈중국공산당 중앙 조직도〉

(2) 지방조직

① 당 지방대표대회

성급 이하에 설치되어 있는데 5년에 1번 열리지만, 현 자치현 구가 설치되어 있지 않는 시는 3년에 1번 소집된다. 지방의 각급 대표대회는 동급의 당 위원회에 의해 소집되며, 특수한 경우 차상급 위원회의 승인을 얻어 개최를 앞당기거나 연기할 수 있다. 각급 대표대회 대표의 정수와 선출방법은 동급 당 위원회가 결정하고, 차상급 당위원회에 보고하여 승인을 얻는다. 각급 대표대회의 직권은 동급 당 위원회와 기율검사위원회의 보고 청취 심사, 해당 지역의 중요문제에 관한 토론 및 결의, 동급 당 위원회와 기율검사위원회의 선거 및 상급 당 대표대회에 출석하는 대표 선거 등이다.

② 당 지방위원회

일반적으로 임기는 5년이고 이들 위원회의 위원과 후보위원은 당력 5년 이상이라야 한다. 그러나 현 자치현 구가 설치되지 않은 시의 당 위원회는 임기가 3년이고, 정수는 각기 차상급 위원회가 정한다. 당의 각급 지방위원회 전체회의는 상무위원회와 서기 부서기를 선출하여 상급 당 위원회에 보고 승인을 받아야 한다. 상무위원회는 전체회의 폐회 기간 중에 지방위원회의 권한을 행사한다. 성 당위원회의 경우 당의 조직과 통제, 농공재정(農工財政) 등의 경제활동, 군중 동원 및 정책개발 연구 등의 분야에 있어서 감독과 지시를 행한다. 건국 초기에는 경제계획이 당 중앙에서 모두 추진하였기 때문에, 성 당위원회는 지역경제문제에 있어서도 부차적인 역할만을 하였다. 그러나 개방개혁 이후 많은 권한이 지방에 이양되어 지방분권시대에 접어듦에 따라 성 당위원회의 역할이 증대되었다. 특히 성당위 제1서기들은 막강한 정치적 권력을 행사 당 중앙위원회와 같은 중앙기구로 대거 진출하고 있다. 성의 실질적인 권한은 성 인민정부에 있는 것이 아니고, 중국이 당 우위의 국가이기 때문에 성 당위원회가 장악하고 있다.

③ 기층조직

기층조직은 세포조직이라고도 불리는 최하위 당조직이다. 모든 기층 행정단위(鄕 鎭)와 생산단위(공장, 학교, 기관, 합작사, 농장, 상점 등), 인민해방군 중대급 부대 내에 조직된 당지부, 그리고 3명 이상의 정식 당원이 있는 곳에는 반드시 당 기층조직이 설치되어야 한다. 기층조직은 당원의 충원, 당 노선에 대한 정치 이념교육, 당규 학습, 당무에 필요한 지도와 감독 및 지침 하달 등을 통해 당과 인민들이 직접 접촉하는 곳이다. 당 기층조직은 당서기를 중심으로 운영되며, 당서기는 당위원회의 지시를 받는다. 원래 당 기층조직은 상급 당의 지시를 집행할 뿐만 아니라, 구성 당원들의 창의성과 자율성이 강조되어 비판과 토론이 활발히 이루어지는 곳이다. 그러나 시장경제 도입과 함께 그 기능이 약화되어서, 지금 농촌 당 기층조직의 75%는 이미 마비상태인 것으로 알려져 있다.

2) 국가조직

중국의 국가조직은 '민주집중제'와 '의행합일(議行合一)'을 통한 인민민주 독재를 표방하고 있으며, 국가 최고 권력기관인 전국인민대표대회(전인대)를 정점으로 행정 사법 감찰기구가 중앙에서 지방으로 연계되어 중앙의 통일적 관할 아래에 있다. 중국은 전통적으로 중앙집권적인 통일국가를 표방하면서도 지방정부에 상당한 자주권을 허용하는 통치를 해왔는데, 오늘날도 중앙정부의 통일적 관리 하에 지방

정부에 많은 자율권을 부여하고 있다. 그러나 최근 시장경제 체제 아래에서 자원배분 문제와 경제개발 추진에 있어서 각 지방의 이익을 우선시하는 지방이기주의 지방보호주의 추세가 날로 확산되는 가운데, 지방분권화의 정도와 성격을 둘러싸고 중앙과 지방간 그리고 지방과 지방간에 미묘한 갈등을 야기 국론 분열의 조짐이 보이고 있다.

중앙의 국가조직은 전인대를 정점으로 하여 전인대 상무위원회, 국가주석, 중앙군사위가 수평적 위치에 있고, 국무원 최고인민법원 최고인민검찰원이 예속적 위치에 있다. 건국 후 전인대가 구성되는 1,954년까지 인민정치협상회의가 전인대의 기능을 수행했었다.

(1) 전국인민대표대회

전인대는 입법·사법·행정권을 갖고 있는 국가 최고 권력기관으로, 상설기관은 상무위원회이다. 전인대 대표는 성 자치구 직할시인민대표대회 및 인민해방군의 선거에서 선출되며, 정원은 3,500명을 넘지 못한다. 성 자치구 직할시 인대(人大)에서 선출되는 대표의 숫자는 인구비율에 따라 배분되는데, 농촌 대표 1인당 인구수를 도시 대표 1인당 인구수의 8배로 한다는 원칙이 있다. 또한 소수민족 대표는 인구분포 상황을 참조하여 각 성 자치구 직할시의 인민대표대회에 배분하여 선출한다. 전인대 대표는 계층별 지역별로 광범위한 대표성을 지니고 있다. 예를 들어 제8기 전인대 대표는 2,997인으로, 이 중 노동자 농민대표가 20.03%, 지식인 대표가 21.8%, 간부 대표가 28.25%, 민주당파 및 무당파 애국인사 대표가 19.21%, 해방군 대표가 8.97%, 귀국화교 대표가 1.21%, 부녀 대표가 21.03%, 소수민족 대표가 14.75%로 구성되었다. 전인대 임기는 5년이고, 매년 1회 상무위원회에 의해 소집된다. 단 상무위원회가 필요하다고 인정하는 경우와 대표자 1/5 이상이 요구하는 경우 임시 소집할 수 있다. 전인대에는 민족위원회, 화교위원회, 법률위원회, 재정경제위원회, 교육과학위생위원회, 외사위원회, 환경보호위원회 등 분야별 상설위원회가 있고, 필요에 따라 전문위원회를 두며, 각 전문위원회는 전인대 및 상무위원회의 지도 하에 관계 의안을 검토 심의하고 초안을 작성한다. 헌법개정 등 중요 의안은 전인대 상무원회 혹은 1/5 이상의 전인대 대표가 발의하고, 전인대 전체대표 2/3 이상의 찬성으로 결의한다. 법률 법령 및 기타 의안은 과반수 찬성으로 결정한다.

전인대 직능은 다음과 같다. 헌법을 수정 개정하는 제헌권, 헌법 실시에 대한 감독권, 형사 민사 국가기구조직법 및 선거법 등 기본 법률의 제정 개정 등 입법권, 국가주석 부주석 선출, 국무원 총리와 국무원 구성원 선출, 중앙군사위원회 주석과 중앙군사위원회 구성원 선출, 최고인민법원장과 최고인민검찰원 검찰장 선출, 예산 심의 및 제반 경제계획의 심사 승인권, 기타 행정에 관한 통제 조사권을 가진다.

(2) 전인대 상무위원회

상무위는 현재 위원장 1인, 부위원장 19인, 비서장 1인 그리고 135인의 위원으로 구성되어 있다. 상무위원은 전인대에서 선출하는데, 반드시 적정 숫자의 소수민족 대표가 포함되어야 하며, 상무위원은 다른 국가직을 겸임할 수 없다. 임기는 5년이고 위원장과 부위원장은 1

회에 한하여 연임할 수 있다. 위원장은 전인대 회의를 주재하고 상무위 회의를 소집한다. 상무위 위원장은 전인대에 대하여 책임을 지며 업무 보고를 한다.

상무위는 다음과 같은 권한을 가지는데, 헌법 법률의 해석 및 시행 감독, 전인대에서 제정되는 법률을 제외한 법률의 제정과 개정, 전인대 폐회 기간 중 전인대가 제정한 법률에 대한 보완 개정, 전인대 폐회 기간 중 국민경제 사회개발계획과 국가 예산 집행과정의 부분적인 조정방안에 대한 심사와 승인, 국무원 중앙군사위 최고인민법원의 직무 감독, 헌법 법률 행정법규 지방법규 의결 및 명령의 취소, 전인대 폐회 기간 중 국무원 총리의 제청에 의한 국무원 각 부 부장 각 위원회 주임 국무원 비서장의 인선 결의, 전인대 폐회 기간 중 중앙군사위 주석의 제청에 의한 중앙군사위원의 인선 결의, 최고인민법원장의 제청에 의한 최고인민법원의 부원장 재판원 재판위원회 위원 및 군사법원장의 임면 결의, 최고인민검찰원 검찰장의 제청에 의한 최고인민법원 부검찰장 검찰원 검찰위원 및 군사검찰원 검찰장의 임면, 성 자치구 직할시 인민검찰원 검찰장의 임면 승인, 외국주재 전권대표의 임면 결의, 외국과 체결한 조약 및 중요협정의 비준과 폐기 결의, 군인과 외교관의 직급제도 및 기타 특별계급제도의 결의, 국가의 훈장과 영예칭호 수여에 관한 규정과 결의, 특별사면 결의, 전인대 폐회 기간 중 국가가 무력침략을 받거나 침략에 대한 국제간의 공동방위조약을 이행해야 할 경우 전쟁상태 선포 결의, 전국의 총동원 또한 국부동원 결의 및 전인대가 부여한 기타 직권 등이다.

(3) 중화인민공화국 주석

중국에서의 국가주석은 군대 통솔권과 최고국무회의 소집권이 없는 상징적인 국가의 대표라고 할 수 있다. 현행 헌법상 국가주석은 전인대 및 전인대 상무위의 결정에 따라 법률을 공포하고 총리 부총리 국무위원 각 부 부장 각 위원회 주임 등의 임면권을 가지고, 국가훈장 영예칭호 수여, 특사령 계엄령 선전포고 동원령을 공포한다. 또한 대외적으로 중국을 대표하여 외국사절 접수, 전인대 상무위의 결정에 따라 해외주재 전권대표의 파견 소환하고 외국과 체결한 조약 및 중요협정을 비준하고 파기하는 권한을 갖는 등 극히 의전적인 지위에 있다. 국가주석과 부주석은 전인대에서 선출하며, 임기는 5년으로 연임할 수 있으나 2회를 초과할 수 없다. 시진핑이가 권력 서열 1위인 것은 그가 국가주석이기 때문이 아니고, 당을 장악한 중국공산당 총서기이기 때문이라고 할 수 있다.

(4) 중국인민정치협상회의

정협은 1,945년 국공내전에서 국민당에서 공산당으로 정세가 유리하게 전개되는 과정에 49년 9월 공산당의 제의로 조직되었다. 정협은 건국하는 과정에서 국가 기초를 닦는 모든 권한을 행사했다. 그 후 54년 전인대가 구성됨으로 정협의 대행 역할은 종식되고, 이제는 통일전선과 다당합작의 조직으로써 계속 정치협상의 기능과 역할을 발휘하며 그 조직과 위상을 유지해 왔다. 정협은 전인대와 시기를 같이 하며 매년 1회 전국위원회를 개최하고, 이들 위원들은 반드시 전인대에 참가한다. 정협은 민주감독과 정치협상의 두 가지 기능을 가지고 있다. 이 정협은 공산당 영도 하의 다당합작 제도라는 중국의 독특한 정치제도와 대만과의 통일전선이라는 목적 때문에 중국에서 아직 중요한 역할을 담당하고 있다. 지금 중국인민정치협상회의 주석은 당 서열 4위은 왕양이 맡고 있다.

(5) 국무원

국무원은 중앙인민정부로서 국가 최고 권력기관인 전인대의 집행기관이며 국가 최고 행정기관이다. 따라서 중앙의 각 부 위원회 및 전국의 각급 지방 행정기관 업무를 통일적으로 지도 관장하는 한편, 전인대에 대해서 책임을 지고 업무를 보고한다. 국무원 구성은 총리, 약간의 부총리, 약간의 국무위원, 각 부 부장, 각 위원회 주임, 감사원장, 비서장으로 되어있다. 총리는 국가주석의 제청으로 전인대에서 선출하며 임기는 5년이고 1회 연임할 수 있다. 부총리, 국무위원, 부장, 주임, 감사원장, 비서장은 총리의 제청에 의해 전인대에서 선출되며 임기는 총리와 동일하다. 각 부 위원회는 전국적인 명령체계를 지휘할 권한과 책임이 있으며, 중앙에서 지방까지 수직적인 지휘체계를 형성, 국무원의 통일적인 지도 하에 전국적인 행정업무를 집행한다. 부의 업무는 전문적인 성격을 띄나 위원회의 임무는 종합적이고 광범위하다는 차이가 있다. 국무원은 총리 주재 하에 운영되며, '총리책임제'를 실시한다. 국무원은 전체회의와 상무회의가 있는데, 상무회의는 총리 부총리 국무위원 비서장이 참석하는 핵심내각의 성격을 띄는 회의이다. 중요정책은 거의 정부의 최고 정책결정기구인 이 국무원 상무회의에서 결정한다.

현행 헌법상 국무원의 권한과 기능은 다음과 같다. 헌법 법률에 근거한 행정조치의 규정, 행정법규의 제정, 결의와 명령의 공포, 전인대 혹은 전인대 상무위에 의안 제출, 각 부 위원회의 임무와 직책의 규정, 각 부 위원회 업무의 지도 및 각 부 위원회의 직권에 속하지 아니하는 전국적 행정업무의 지도, 지방 각급 국가행정기관의 업무에 대한 지도, 중앙과 성 자치구 직할시 국가행정기관의 권한에 대한 구체적인 규정, 국민경제 사회개발계획 및 국가예산의 편성과 집행, 경제활동과 도시 농촌건설 지도 및 관리, 교육 과학 문화 위생 교육활동 및 가족계획 업무의 지도와 관리, 민정 공안 사법행정 및 감찰업무의 지도와 관리, 대외적으로 외국과 체결한 조약 및 협정의 관리, 국방건설사업의 지도 및 관리, 소수민족의 평등한 권리와 민족자치구의 자치권 보장, 화교의 정당한 권익보호, 귀국화교와 그 권속의 합법적인 권익 보호, 중앙의 각 부 위원회 및 지방의 각급 행정기관의 공포한 부적절한 명령 지시 및 법칙의 변경 또는 취소, 성 자치구 직할시의 구역구분 승인, 성 자치구 직할시의 범위 내에서 일부 지구에 대한 계엄 결정, 행정기구의 편제에 대한 심사 결정 법률의 규정에 의거한 행정요원의 임면 연수 고과 및 상벌, 기타 전인대와 상무위가 부여한 권한 등이다. 지금 국무원총리는 당 서열 2위인 리커창이 맡고 있는데, 그는 시진핑 대신 외국에서 국가원수로 여겨지기도 한다.

(6) 사법기관

사법체계는 공안기관, 국가안전기관, 인민검찰원 인민법원 및 사법행정기관으로 구성되어 있다. 형사사건에 대한 수사 구류 예심은 공안기관이, 간첩사건에 대한 수사 구류 예심은 국가안전기관이, 체포의 승인 공소제기 및 유지는 인민검찰원이, 사건의 판결은 인민법원이, 판결 후 처리는 사법행정기관이 책임지는데, 이들을 총괄하는 것이 당 중앙정법위원회이다. 최고의 사법기관으로 국무원과 대등한 관계에 있는 최고인민법원과 최고인민검찰원은 모두 전인대 직속기관으로 3자는 서로 연계 속에 독립된 하위조직 체계를 갖고 있다.

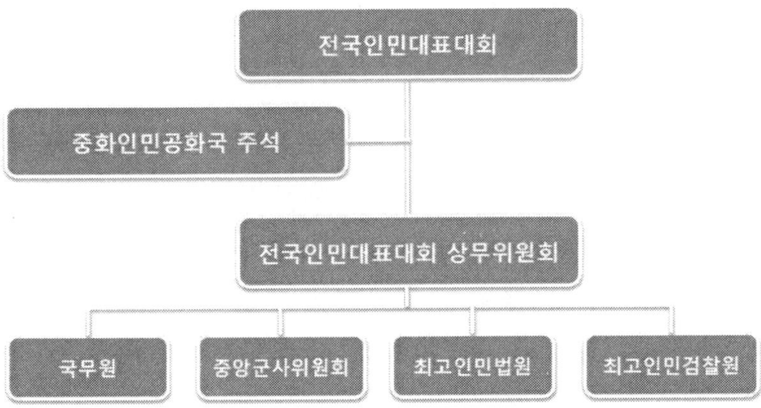

〈중화인민공화국 국가 조직도〉

3) 중국의 군

(1) 인민해방군

1,927년 8월 1일 강서성 남창시에 주둔하고 있던 국민혁명군(국민당군)의 일부가 중국공산당의 지도하에 무장봉기함으로써(남창봉기) 중국 공산당군이 창건되었다. 국공내전 기간 중에는 중국공농홍군(中國

工農紅軍)이라 하여 30만의 병력을 보유하였다. 항일전쟁기에는 중국 국민당 군사위원회 휘하에 편입되어 120만의 팔로군(八路軍) 신사군(新四軍)으로 성장했고, 일본 패망 후에는 다시 중국인민해방군으로 이름을 바꾸었는데, 중화인민공화국 건국 직전에 460만의 대군이 되었었다. "권력은 총구에서 나온다."는 모택동의 말에서도 알 수 있듯이, 중국에서 군이란 정치권력과 불가분의 관계를 가지고 있다. 사회주의 국가인 중국의 군은 중국의 정치 사회 각 분야에 막강한 역할을 하여 왔다. 중국의 군은 당 중앙군사위원회의 지시를 받기 때문에, 당의 군대로서의 성격이 강하다.

헌법에 의하면 중앙군사위원회는 군의 최고정책결정 및 지휘기관인 반면, 국무원 산하의 국방부 국방과학기술위원회는 군사와 관련된 국가행정기관이다. 중앙군사위는 3대 막료, 즉 총참모부 총정치부 총후근부(總後勤部)를 통해 각 대군구 해군 공군 제2포병을 지휘한다. 총참모부는 전군의 작전계획, 병력배치, 최고통수권자의 명령 하달, 작전 운영, 교육훈련, 소집동원, 각 군구 군종(軍種) 병종(兵種)의 조정 등의 업무를 관장하는데, 중앙군사위의 지도하에 있는 전군의 최고지휘기관이다. 총정치부는 당 중앙군사위의 지도하에 군내의 사상 정치공작을 관장하는 최고기관으로, 휘하에 문화부와 선전부를 통해 군내의 당의 조직, 선전, 교육, 문화, 보안업무를 담당하고 군에 대한 사상 정치적 통제역할을 한다. 총후근부는 중앙군사위의 지도하에 전군의 후방 병참업무를 관리하는 최고기관으로 군수물자의 보급, 시설보수, 수송, 병기, 생산과 관리 등의 업무를 관장한다.

인민해방군은 크게 육군, 해군, 공군, 제2포병 등 4개 군종으로 이루어져 있다. 육군은 편제상 軍(군단), 師(사단), 團(연대), 營(대대), 連(중대), 排(소대), 班(분대)으로 나뉘어져 있는데, 군구의 수비대와 국경 및 지방부대도 육군에 속한다. 해군에는 북해함대, 동해함대, 남해함대로 이루어져 있다. 군구 공군은 전투군단으로 공군과 소재지 군구의 복수 지휘를 받는다. 공군에는 항공부대 방공부대 및 공수부대 등이 있다. 제2포병은 지대지 전력 핵무기 사용에 대한 조직체계를 지휘하며, 중장거리 대륙간 탄도부대 및 공정 정찰 통역 수송 등을 포함한 전문기술부대로 조직되어 있다. 제2포병은 특수부대로 중앙군사위의 직접 지휘를 받는다.

인민해방군은 지역 편제상 7개 대군구와 29개 성급 군구로 나누어져 있다. 대군구는 관할구역 내에서 총부(總部)공작을 대행하며, 소재지 육 해 공군의 합동작전을 통일적으로 지휘한다. 군구에는 사령부 정치부 병참부를 둔다. 7개 대군구는 남경군구, 북경군구, 심양군구, 제남군구, 광주군구, 난주군구, 성도군구 등이다. 각 군구에는 사령원(司令員)과 정치위원(政治委員)이 있는데, 당이 군을 지배하는 중국 정치의 특성상 정치위원의 권한이 사령원보다 우위에 있다.

(2) 인민무장경찰부대(武警)

무경은 인민해방군의 내위(內衛)부대와 공안 부문의 보안군, 변경무장부대, 특종무장 경찰부대 및 소방무장 경찰부대를 통합하여 조직한 무장경찰부대이다. 1,983년 무경총부(武警總部)가 창설됨으로써 공식적으로 조직되었는데 총 병력은 100여만 명으로, 총부는 국무원 공안부 산하에 있으며, 공안부와 중앙군사위의 복수 지휘를 받는다. 이 무경은 유사시 정규군 부대로 즉시 전환될 수 있도록 훈련되어 있다.

(3) 민병

민병은 항일전쟁 당시 팔로군을 돕는 지방 농민의 자위조직으로부터 발전된 생산에 종사하는 군중 무장조직으로서 인민해방군의 예비부대 역할을 한다. 현재 민병대는 직장이나 부락별로 자위대 형태로 유지되고 있으며, 기간민병과 보통민병으로 구분된다.

의무병의 복무연한은 육군 3년, 공군 육군특종은 4년, 해군 함정부대와 육군 선박부대는 5년이다. 지원병의 복무연한은 10~25년으로 40세를 초과하지 않으나, 군이 필요로 하거나 본인이 원할 때는 연장할 수 있다. 현재 중국은 경제발전을 위하여 과다한 군 인력을 축소하고 고급인력의 빠른 사회 환원을 위하여, 대학 재학 중인 자는 1학년 때 교내 집체훈련을 받는 것으로 군 복무를 면제해 주고 있다.

6. 중국의 외교정책

1) 단 하나의 중국(只有一個中國) 정책

중국은 '단 하나의 중국[只有一個中國]' 정책을 국가의 최우선 정책으로 삼고 있다. '단 하나의 중국' 정책을 분쇄하려는 그 어떤 대내외적인 기도도 좌시하지 않을 것이라고 하고 있다. 중국 지도자들은 중국이 '단 하나의 중국정책'을 포기하는 것은 결국 중국의 분열을 가져올 것이라고 여기고 있다. 대외적으로 1,997년 7월 1일 홍콩이 영국령에서 중국으로 귀속되었고, 1,999년 12월 20일 마카오가 포르투갈령에서 중국으로 귀속되었다. 또한 중국은 일국양제(一國兩制) 정책에 따라 대만과의 평화통일을 추구하여 왔으며, '단 하나의 중국' 정책을 분쇄하는 대만독립을 결코 좌시하지 않을 것이며, 무력사용도 불사할 것이라고 공언해 왔다. 또한 해남도(海南島) 아래쪽인 남사군도(南沙群島)·서사군도(西沙群島)를 위시한 남중국해를 자신의 주권이 미치는 영해라고 주장, 주변국가인 말레이시아·필리핀·베트남과 갈등을 겪고 있는데, 막강한 무력을 바탕으로 거의 자신의 영해로 포함시키고 있는 실정이다.

대내적으로는 56개 소수민족으로 이루어진 중국이 민족분열을 우려하여 소수민족 우대정책을 사용하여 민족분열을 사전에 방지하고 있다. 그들은 종교적·민족적 문제로 인해 달라이라마를 중심으로 티벳을 중국으로부터 독립시키고자 하는 것을 결코 용인하지 않으며, 지금은 수많은 당근정책으로 티벳 민심을 달래고 있다. '단 하나의 중국' 정책에 어긋나는 그 어떠한 분열도 용납하지 않는, 대내적인 단결과 대외적인 중국 영토(대만·홍콩·마카오)의 온전한 보전과 귀속을 국가 정책의 최우선 목표로 내세우고 있는 것이다.

이를 미국과 일본은 대(大)중국주의에 기초한 중국의 패권주의로 생각, 중국을 중심으로 한 황색인종이 세계를 제패하려고 한다고 의심하고 있다. 그러나 중국은 이런 의심과 방해에 대해 초강대국으로 발돋음할려는 중국을 미국이 막는다고 생각하고, 또한 미국의 대(對)중국정책의 궁극적인 목표가 약한 중국을 만들기 위한 중국의 분열에 있는 것이 아닌가 의심하고 있다.

개혁 개방의 소용돌이 속에 있는 지금의 중국은 모택동 시대보다 분열의 여러 요인이 잠재되어 있는 것이 사실이다. 외적 요인으로는 대만의 독립 움직임, 홍콩 민주인사들의 홍콩 민주화 요구, 미국의 대 대만지원 정책과 대 중국견제 정책이 그것이고, 내적 요인으로는 티벳의 독립 움직임, 지역간 엄청난 빈부격차 특히 동부지역과 중서부지역의 빈부격차, 잠재적인 분열가능성을 지닌 연변의 조선족과 몽고족 그리고 위구르족 등이 그것이다.

지금의 중국 정부는 이 '단 하나의 중국(只有一個中國)' 정책을 유지하기 위해 수많은 자금과 국력을 소진시켜 왔다. 경제건설을 제1의 목표로 삼고 있는 지금의 실용주의 노선을 걷고 있는 중국 지도부들은 모든 자금과 국력을 여기에만 투입하지 못하고, '단 하나의 중국' 정책을 지키기 위해 적지 않은 돈과 국력을 소진시켜 온 것이 사실이다. 중국의 영토문제·외교문제·종교문제·소수민족문제·통일전선문제 등은 모두 '단 하나의 중국' 정책에 그 초점이 맞추어져 있다.

강택민(江澤民)을 위시한 혁명 제3세대 지도자 그리고 호금도(胡錦濤)를 위시한 혁명 제4세대 지도자, 시진핑을 위시한 혁명 제5세대 지도자들은 이전 혁명지도자들인 모택동 ·등소평과는 달리 인민들에게 어필할 수 있는 뛰어난 업적이나 카리스마가 없는 것이 사실이다. 만약 그들이 '단 하나의 중국' 정책에 실패하여 중국 분열의 요소를 증가시킨다면, 그들은 그들의 정치적 기반을 잃어버리게 될 것이라고 믿고 있다.

2) 중국의 대 대만 통일전략 - 평화통일(和平統一)과 일국양제(一國兩制) -

중국은 대만에 중국의 사회주의 체제와는 다른 자유민주주의 체제가 엄존하고 있다는 것을 인정, 대만에게 한 나라에 두 개의 제도를 인정하는 일국양제(一國兩制)의 평화통일(和平統一)을 주장하고 있다. 중국은 통일문제에 있어서 평화통일과 대만을 국가로는 인정하지 않지만 엄연히 자본주의 체제가 있다는 것을 인정하고 서로 공존하는 일국양제를 통일의 2대 골간으로 삼아 양안간의 분단 국면을 종식시키고 통일을 완성하고자 한다. 중국은 대만을 외교권과 군사권을 제외한 모든 권한을 인정하는 특수한 지방 자치정부로 간주하고자 한다.

중국은 일국양제의 평화통일 방안에 따라, 대만을 정치적 실체가 있는 국가로 인정하는 그 어떤 행위도 인정하지 않고 있다. 또한 대만

학자들에 의해 재기된 대만독립에 대한 역사적·문화적 정당성에 대해, 중국은 각 지역의 사회과학연구소마다 대만연구소를 설립하여, 대만이 역사적으로나 문화적으로나 중국과 뗄래야 뗄 수 없는 중국의 하나의 성(省)이었다고 주장, 더 분리할 수 없는(不可分隔) 중국의 일부분이라는 이론을 정립하고 있다.

이에 따라 중국과 국교관계를 유지하고자 하는 나라는 중국의 '단 하나의 중국' 정책을 인정하여 대만과는 반드시 단교해야 한다. '단 하나의 중국' 정책에 따라 세계 그 어떤 나라도 대만을 국가로 인정하거나 혹은 인정하게 보이는 외교적 행위를 하는 것을 중국 정부는 반대하고 있다. 그러나 중국 정부는 '단 하나의 중국' 정책에 위배되지 않는 한 그 어떤 나라도 대만과의 민간교류는 허용하고 있다. 이에 경제적인 목적으로 설립하는 무역대표부나 연락부 등 비정치적인 교섭을 위한 기구의 설치는 가능하다. 대만정부 관리로 하여금 자국을 방문토록 허용하거나 혹은 대만을 정부차원에서 공식적으로 방문하는 것은 대만을 하나의 국가로 인정하는 것이기 때문에, 이는 중국의 '단 하나의 중국' 정책을 어기는 것으로 중국과 외교적 마찰을 감수해야 하며, 약소국인 경우 중국의 보복과 외교단절을 각오해야 한다.

대만이 독립을 포기하고 일국양제에 기초한 중국의 평화통일안을 받아들일 때까지 중국의 외교적 압박과 대 대만 무력시위는 계속될 것이다. 중국은 '단 하나의 중국' 정책에 의해 대만을 국제사회로부터 외교적으로 고립시켜 저절로 중국의 주권 안으로 들어오도록 하고 있다. '단 하나의 중국' 정책을 펴는 중국의 대 대만통일정책으로 말미암아 국제사회에서 고립된 대만은 무실외교(務實外交)를 내세워 외국과 실질적인 교류를 하며 유엔가입 시도까지 하고 있다. 중국과 대만의 통일을 보는 이런 근본적인 시각의 차이로 말미암아, 국제무대에서 많은 외교적인 소모전을 벌였다.

이런 상황에서 미국은 대 대만카드를 이용해 중국이 미국과 경쟁할 초강대국으로 부상하는 것을 막고 있다. 세계질서와 동북아 질서를 미국의 국익을 위해 자신의 뜻대로 재편하고 싶어 하는 유일한 초강대국 미국은 엄청난 인구와 놀라운 경제성장을 기반으로 국제무대에 빠르게 초강대국으로 부상하고 있는 중국을 그대로 둘 수 없는 것이다. 중국 전기심(錢其琛) 부총리 겸 외교부장의 1,996년 3월 11일 인민대회당에 있는 전인대 프레스센터에서의 내외신 기자회견에서;

> 세계에는 오직 하나의 중국이 있을 뿐이며, 대만은 양도할 수 없는 중국의 일부이다. 대만에서 총통선거 선출방식이 바뀌었다고 해서 대만이 중국의 한 지역이며 대만지도자들이 한 지역의 지도자들이라는 사실까지 바뀌는 것은 아니다. 대만의 유엔가입 문제도 마찬가지이다. 유엔은 주권국가의 모임인데, 한 지역의 경제적 실체에 불과한 대만이 어떻게 유엔회원국의 자격을 가질 수 있겠는가? 미국의 일부 인사들이 미제7함대에 의한 대만문제에 개입하거나 최소한 대만을 보호하기라도 해야 한다고 노골적으로 주장하고 있는 것은 황당한 일이다. 대만은 미국의 보호령이 아니다. 1,995년 봄에만 해도 대만해협 양안간의 관계는 대단히 건전했다. 그러나 그 뒤에, 정확하게 말해 미국의 잘못된 결정 때문에 대만해협에 긴장이 나타났다. 이 같은 상황이 어떻게 변화될 수 있을 것인가는 전적으로 미국에 달려 있다고 생각한다.

고 밝혔다. 이 언급은 중국 지도부의 대 대만관과 대만문제를 둘러싼 미국정책에 대한 그들의 입장을 잘 나타내 주고 있다. 중국은 기본적으로 대만문제는 중국 내정의 문제이므로 미국을 위시한 그 어떤 외세가 어떠한 형식이나 구실로도 간섭할 수 없다고 주장하고 있으나,

대만문제는 중국의 생각과는 달리 국내문제가 아니라 이미 국제적인 이해가 첨예하게 대립된, 특히 미국과의 이해가 첨예하게 대립된 국제문제가 되었다.

또한 중국 정부는 평화통일을 주력하기는 하지만, 그렇다고 무력사용을 완전히 포기한 것은 아니라고 하면서 인민해방군에 의한 무력통일도 배제하지 않고 있다. 대만이 독립을 추진하여 대만과의 평화통일이 완전히 불가능하다고 중국이 판단하고 또한 국제적 환경도 중국에 유리하게 조성될 경우 14억의 중국은 2,300만 대만을 무력으로 통일시킬 가능성도 충분히 있다.

중국은 1,999년까지 홍콩과 마카오를 중국에 편입시켜 일국양제(一國兩制)를 성공적으로 시행하여, 중국에 귀속되는 것에 대한 대만인들의 거부감을 없애려고 노력하고 있다. 중국은 홍콩과 마카오가 중국에 편입되어 완전히 중국화되기 이전까지는 대만의 분리 독립(臺獨)을 외교적 압박과 군사적 위협으로 막으며 현 상태를 유지하고 더 이상 무력으로 대만을 통일시키지는 않을 것으로 보인다. 대만에 대한 무력침공은 가까스로 중국의 손 안에 들어온 홍콩과 마카오의 동요와 자본의 해외유출을 막을 수 없어 현재 중국 정부가 제1의 목표로 내세우는 경제건설에 심대한 악영향을 끼칠 수 있기 때문이다.

그러나 민진당이 집권하고 있는 현 대만 총통의 대 중국정책은 하나의 중국이란 원칙 아래 장기적으로 통일을 추구하여 중국의 일국양제(一國兩制)의 평화통일 방안과 유사하지만, 그보다 먼저 양안 간에 2개의 대등한 정치실체가 엄연히 존재한다는 일국양부(一國兩府)를 중국이 인정해야만 진정한 통일논의가 가능하다는 것이다. 그러나 중국의 지도자들은 만약 이를 인정하게 되면 실제로는 2개의 국가가 있다는 것을 증명하게 되어 '단 하나의 중국'이라는 정책에 어긋나게 되니 대만의 정치적 실체를 인정할 수 없다고 주장한다. 중국은 이 같은 정책을 두고 겉으로는 통일을 외치지만 배후에서는 대만독립을 고취하는 은형대만(隱型臺灣) 정책이라고 곱지 않은 눈으로 보고 있다.

대만 총통은 양안간의 평화협정 체결, 그리고 유엔가입과 기타 국제기구 가입 추구라는 무실외교(務實外交)를 추구하면서 국제 공간 확보에 노력하고 있다. 또한 그는 중국에 흡수 통일되는 것을 막기 위해, 직접적인 인적 물적 교류를 막는 불통우(不通郵), 불통상(不通商), 불통항(不通航)이라는 삼불통(三不通) 정책을 쓰고 있다. 이 삼불통 정책은 양안간의 직접적인 투자 무역 및 여행 방문 등을 어렵게 만드는

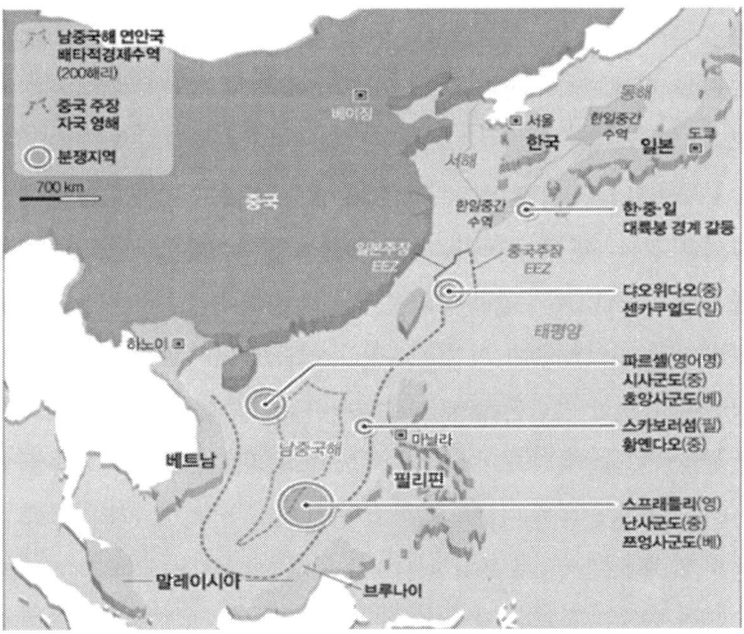

〈동아시아 주요 영토분쟁 지역〉

데, 이에 홍콩이나 마카오를 거쳐 무역 거래를 하며 여행과 방문을 하니, 실질적으로 중국과 대만 모두 수많은 국력을 소진시키고 있다 하겠다.

3) 중국과 미국과의 갈등

20세기 말 세계 최대의 변혁은 소련과 동구권의 몰락 그리고 막스레닌주의의 퇴조가 아니고, 또 다른 초강대국 중국의 세계무대에로의 재등장이라고 후대 사가들은 기록할 것이다."라고 미국의 고위 인사가 말한 적이 있다. 미국과 더불어 또 다른 초강대국이 될 중국은 앞으로 항상 미국과 긴장관계에 놓일 것이 확실하다. 이미 이런 조짐이 여러 군데에서 보이기 시작하고 있는데, 통상문제·인권문제·대만문제·소수민족문제·종교문제·지적재산권문제 등등으로 사사건건 미국은 중국에 시비를 걸고 있다.

중국인들은 미국이 중국의 분열을 결코 원치 않으며 또한 중국의 분열은 동아시아뿐만 아니라 세계정세에도 악영향을 미칠 것이라고 말하고 있지만, 실은 약한 중국을 만들기 위해 중국분열 정책을 사용하고 있는 것이 아닌가 의심하고 있다. 미국과 대적할 수 없는 중국을 만드는 유일한 방법은 중국을 분열시키는 것 이외에는 없다고 미국 전문가들이 보고 있다고 중국은 의심하고 있는 것이다. 이에 중국인들은 미국이 중국을 다루고 있다고 여기고 있으며, 미국과 어깨를 나란히 할 초강대국으로 부상하는 것을 막고 있다고 보고 있다.

또한 미국은 놀라운 경제성장을 바탕으로 중국이 대중국주의 패권주의를 추구하며 중국에는 중국인 특유의 민족주의를 바탕으로 중국인들이 세계제패를 추구할지 모른다고 우려하고 있다. 중국이 '단 하나의 중국' 정책에 따라 홍콩·마카오의 귀속과 대만과의 통일, 그리고 남사·서사군도 영유권 주장에 저렇게 집착하고 또한 국내적으로도 민족문제에 따른 분열에 저렇게 신경을 쓰는 것도 중국이 결국 패권주의를 추구하고자 함에 있다고 보고 있다.

소련의 몰락 이후 유일한 초강대국으로 남아 경찰국가로 행세하고자 하는 미국이 그들 뜻대로 세계의 판을 다시 짜는데 가장 크게 방해가 되는 존재가 바로 중국인 것이다. 앞으로 중국의 경제가 발달하면 할수록, 그리고 세계무대에서 중국의 발언권이 강해지면 강해질수록, 중국과 미국과의 마찰과 긴장의 도는 더해갈 것이 확실하다.

미국은 앞으로 불공정 무역관행·무역상 최혜국(MFN)대우 연장·지적재산권 문제, 대만 문제 이외에도 인권 문제·티벳 문제 등으로도 중국의 아킬레스건을 계속해서 건드리며 중국이 초강대국으로 커져가는 것을 견제하려 할 것이 분명하다. 중국인들은 미국으로 출국하고 싶어 하고 또한 미국제품에 대한 선호도가 높으며 중미합자 합작회사에 가장 취직하고 싶어 한다. 그러나 이런 와중에도 중국인들의 반미감정도 한창 고조되고 있다. 중국인들은 미국인들이 중국이 세계무대에 강국으로 등장하는 것을 두려워하여 중국을 조절하고 있다고 믿으며, 무역불균형문제 등도 모두 같은 맥락에서 보고 있다. 이런 반미감정은 중국인들의 자존심과 대국주의적인 사고방식 때문에 더욱 심화되고 있다.

미국은 동아시아에서 자신의 국익을 수호하기 위하여 중국에 대한 봉쇄(封鎖)정책과 개입(介入)정책을 계속 써왔다. 주한미군의 지속적인 남한 주둔은 북한의 침략을 사전에 막는 조치일 뿐만 아니라, 실은 중국의 팽창을 봉쇄하기 위한 것이라 할 수 있다. 사드도 실은 중국의 미사일기지 탐지를 겨냥한 것이라고 중국은 보고 있다. 그러나 이제는 이미 커버린 중국에 대해 세계 외교와 경제무대에서 계속 봉쇄정책을 유지한다는 것이 불가능하다는 것을 알아 봉쇄정책을 포기하고 동반자의 자격으로 차츰 참여(參與)정책으로 바꾸었는데, 이런 일환에서 미국은 14억 중국이 세계무역기구 즉 WTO에 가입하는 것을 허용했었다.

중국과 미국과의 이런 상호견제는 우리의 운신에도 적지 않은 영향을 끼치고 있다. 동북아시아에서 중국을 중심으로 한 '중화경제권'이냐, 아니면 미·일을 중심으로 한 '아태경제권'이냐 하는 불투명한 전망 속에서 이들 강대국에 끼인 남한의 위상과 역할을 어떻게 정의할 것이며, 남·북한을 하나로 통합시키는 민족경제권의 형성 없이 남한이 앞으로도 '지역통합'과 '세계화'속에서 벌어지는 경쟁에서 살아남을 수 있느냐 하는 문제가 자주 제기되는데, 이 역시 지구화 속의 민족문제 설정과 잇닿아 있다. 우리 민족이 분열되어 있는 한 중국과 미국이 동북아시아에서 서로 패권을 추구하기 위한 외교적 싸움 속에 희생될 가능성이 있으니, 우선 빠른 통일은 우리 민족의 생존권을 확보하는 차원에서도 아주 중요하다고 보여 진다.

4) 중국의 대 한반도정책 - 불통불난(不統不亂) -

중국은 1,978년 12월 공산당 제 11기 3차 중앙위원회 전체회의에서 개혁·개방을 선언한 이후 급속한 경제성장을 이룩하고 있다. 특히 1,992년 1월 개혁·개방의 총설계사 등소평의 남순강화(南巡講話) 이후

제2의 경제건설을 더욱 가속화하고 있다. 중국도 경제건설의 추진을 위해서는 평화적인 주변 환경 조성이 필요함에 따라 한반도의 안정과 비핵화를 지지하고 있다. 역사적으로 볼 때 주변국의 안정이 중국 경제건설에 도움을 준다고 생각하여, 주변국과 선린외교 관계를 적극 추진하고 긴장완화에 적극 노력하고 있다. 국경분쟁으로 전쟁까지 치렀던 베트남과도 화해를 하고, 또한 국경분쟁이 있었던 인도와도 화해를 했을 뿐만 아니라, 한반도의 긴장완화에도 중국이 적극적으로 개입하고 있다. 중국은 한반도의 안정을 위하여 북한의 무모한 무력사용 방지에 대해 건설적인 역할을 많이 해온 것이 사실이다. 한반도의 비핵화를 지지하며 북핵 문제에도 건설적인 방향으로 도움을 주었을 뿐만 아니라, 남북한 동시 유엔가입도 지지하였다.

자국의 경제건설을 지상목표로 삼고 있는 중국은 이를 위해서 주변지역에서의 혼란을 원치 않는다. 그러나 미국의 영향력을 많이 받고 있는 남한 중심의 통일도 또한 원치 않고 있다. 중국은 한반도에 미국의 영향을 많이 받는 통일국가가 서는 것을 결코 원치 않고 있는 것이다. 중국의 대 한반도정책이 바로 이런 불통불난(不統不亂)정책이라 할 수 있다. 미국 또한 21세기 그들의 경쟁상대국이 될 중국을 견제하기 위해서라도, 통일 후에도 한반도 내에서 미군철수를 원치 않으며 한반도에 대한 그들의 영향력을 줄이려고 하지 않을 것이다. 중국과 미국 모두 한반도를 자신의 영향권 아래 두려는 외교적 싸움이 치열해질 것으로 보이는데, 우리는 이런 동북아 외교환경 속에서 외교적 애매성을 표방하여 양 강대국으로부터 이익을 취할 것은 취하고 불이익은 배척해야 되리라 본다.

어쨌든 지금 북한의 최대 친구인 중국의 도움이 없이는 한반도의 통일이 사실상 어려운 것이 엄연한 사실이다. 같은 한자문화권인데다가 얼굴색이 완전히 같고 이름도 같은 한자를 사용하여 표기할 뿐만 아니라, 또한 이데올로기 문제가 있기 이전까지 우리는 중국의 절대적인 영향을 받아왔으며 과거 중국의 침략을 받은 적이 별로 없어 한국인의 대 중국감정과 중국인의 대 한국감정이 모두 좋다는 것이 중국과 한국이 가까워질 가능성과 한반도를 중국의 영향력 아래 둘 수 있는 가능성을 높게 한다.

중국은 정치연대는 같은 사회주의 형제국가인 북한과, 경제는 한국과 교류하려는 경향이 뚜렷하다. 중국은 북한과는 전통적인 우의관계를 유지하고, 한국과는 호혜평등의 입장에서 경제교류를 하고자 한다. 한국이 대만과 단교를 하고 중국과 수교를 한 이유는 크게 우리의 통일문제와 경제적인 이유 때문일 것이다. 그러나 중국이 체제가 다른 우리와 관계를 정상화한 근본 이유는 경제건설이라고 할 수 있다. 현 중국의 외교방침은 중국과 우의관계를 유지하고 대만을 중국의 일부분으로 인정하는 한 어느 나라와도 선린관계를 유지하고자 하는 것이다.

중국은 현재 유일한 초강대국인 미국의 일방적인 주도로 동북아 질서가 재편되는 것에 대해 크게 우려하고 있다. 따라서 중국은 주도권 확보라는 측면에서 한반도 문제를 조망하고 있다. 개혁·개방정책의 효율적 추진을 위한 주변정세의 평화·안전 구축, 역내 국가들과의 경제협력 증진, 세계적인 차원에서 중국의 정치·경제·군사적 영향력 확대를 위한 전방위 외교추진의 거점 확보 등을 기본적인 정책목표로 설정하고 있다. 중국은 선린우호관계 강화를 우선 추구하고 이념과 체제상의 상이성 보다는 공통이익 존재여부에 대외관계의 초점을 두고 있다. 중국은 전방위적 평화공존외교의 일환으로 북한과 미국과의 대화를 통한 관계개선을 권장하면서, 북한이라는 군사적 긴장유발 가능세력을 현상유지 세력으로 끌어안을 수 있도록 노력하고 있다. 중국은 개혁 개방을 효율적으로 추진하기 위하여 일본과 한국같은 주변 국가들과 다각적인 경제협력을 모색하고 있다.

또한 미·러의 상대적 영향력 약화 및 군사적 위협 감소 등 동북아의 정세변화가 자국의 영향력 증대에 유리하다는 인식을 가지고 있다. 이에 중국은 한반도에서 중국의 영향력이 미치는 친중 정부가 서기를 모색하며 한반도를 잠정적으로 미국과의 완충지대로 남겨두고자 한다. 한반도를 이용하여 동북아 질서형성에 적극 참여하여 이 지역에서의 미국의 주도권을 견제하려고 하고 있다. 한반도에서 중국은 평화정착 및 남북한 관계개선 등을 위해 주도적인 역할을 수행함으로써 과거 미·소가 누렸던 한반도에서의 영향력을 흡수하는 동시에 미국과 일본이 한반도에 영향력을 확대하는 것을 견제하고자 하는 것이다.

중국은 앞으로도 계속 남북한 문제는 남북한 당사자간의 평화적인 대화협상을 통해 해결해야 한다는 입장을 견지할 것이다. 중국은 당사자간의 대화협상을 통한 남북관계 개선이 한반도 평화정착에 가장 효과적일 뿐만 아니라 주변강대국들의 영향력 행사를 억제할 수 있다는 인식을 가지고 있다. 따라서 남북한 상이한 입장에 대해 어느 일방을 지지하기보다는 쌍방의 성실한 협상자세를 촉구하고 한반도문제에 대한 외부간섭 배제 특히 미국간섭 배제, 남북관계 개선의 장애요인 해소 측면에서 미·일 등 한반도문제 관련 국가들의 지원을 촉구하고 있다. 중국은 한국과의 정치관계 정상화, 경제교류 협력증대에도 불구하고 대 남북관계의 균형을 최대한 유지하려고 할 것이다.

중국은 북한의 비핵화를 주장하는데, 북한의 핵무장은 한국과 일본 등 주변국가의 핵무장 도미노를 불러올 것이고, 이는 동아시아 지역에서 중국의 영향력을 줄일 것이기 때문이다. 또한 한반도의 종전선언과 평화협정 체결에 한국과 북한 미국뿐 아니라, 정전협정 당사국인 중국이 반드시 들어가야 한다고 주장하고 있다. 지금 북한 핵문제를 둘러싼 남북한 대화와 북미간의 대화 등 요동치는 한반도 정세가 어떤 방향으로 흘러갈지 모르지만, 중국은 이 한반도에서 결코 방관자 역할만을 하지 않을 것이다.

북한의 비핵화와 동시에, 미국의 대북 적대시정책 포기와 북한에 대한 체제보장을 요구하고 있다. 종전선언 평화협정 체결 더 나아가 북미수교를 통한 미국과 북한간의 관계정성화를 요구하고 있는 것이다. 그러나 미국은 북한에 대한 뿌리 깊은 불신과 대중국견제를 위해 북한을 항상 악의 축으로 두고 싶은 욕망을 가지고 있다고 할 수 있다.

〈비핵화를 둘러싸고 전통적 북중 우의를 다지는 양 정상〉

7. 중국의 민족

1) 중국민족의 구성

한족(漢族)은 중원지방에서 출발하여 황하문명을 이루며 문화적 우위를 가지고 옛날부터 지금까지 주변국가와 주변민족에 많은 영향을 주어온 민족으로, 지금도 중국의 가장 중요한 민족이다. 한족은 역사적으로 볼 때 한자와 중화문화의 우월성을 가지고 타민족들을 계속 흡수 동화시켜 왔었다.

지금 중국 민족의 분포를 보면 91.5%가 한족이고, 나머지 8.5%가 55개 소수민족인데, 8.5%라고 하지만 절대적인 숫자는 1억 2천만 명에 가까워 절대 무시할 수 없다. 인구 천만이 넘는 소수민족은 장족(壯族) 뿐이고, 백만이 넘는 소수민족은 회족, 위구르족, 묘족, 만주족, 장족, 몽고족, 조선족 등 17개 민족이 있다. 소수민족 자치지역으로는 5개 자치구(내몽고, 신강 위구르, 티벳, 광서 장족, 영하 회족)와 31개 자치주 그리고 80개 자치현이 있다.

이들 소수민족 자치지역은 전 국토의 40% 정도를 점하고 있으며, 이들 지역은 대부분 변방지역으로 지하자원이 풍부하고 군사적 요충지여서 중국 정부로서는 절대 포기할 수 없는 지역이다. 민족의 이동,

변방 수비, 왕조의 변천, 결혼 등등으로, 실은 이들 자치지역에 한족이 더 많이 살고 있고, 또한 중국 정부에서는 정책적으로 소수민족 자치지역에 한족을 이주시키기도 했다. 그래서 고도가 높아 적응하여 살기 힘든 티벳 지역을 제외한 대부분의 소수민족 자치지역에는 실은 한족이 더 많이 거주하고 있다. 이들 지역의 정치적 장인 당서기는 한족이 맡는 경우가 많고, 그러나 행정적 책임자는 그들 소수민족이 많이 맡고 있다.

중국의 한족이 91.5%를 차지하고 있지만, 순수 한족은 얼마 되지 않는다고 보아야 할 것이다. 수천 년 동안 소수민족들이 한족과 결혼하여 한족화한 경우도 있고, 또한 한문화(漢文化)에 감화 받은 소수민족 스스로 한족화하기를 원했기 때문에, 한족이 이렇게 많은 인구를 차지한 것이라고 보아야 할 것이다.

한족과 중화문화의 동화 흡수력은 아주 뛰어나다. 중국이 56개 민족으로 이루어진 14억 인구에 이렇게 넓은 영토를 가질 수 있었던 것은, 중국이 결코 무력으로 이들 주변국가와 주변민족을 통합한 것이 아니었다. 중화문화의 동화 흡수력이 그렇게 만든 것이다. 무력으로 중국 전체를 지배한 적이 있었던 몽고족과 만주족이 지금은 그 여세가 희미하고 또한 대부분 중국화된 것과는 대조를 이룬다 할 것이다. 중국은 전통적으로 소수민족 우대정책을 사용하여, 소수민족들은 아이를 둘 낳을 수 있을 뿐만 아니라, 입학과 취직에도 여러 가지 특전이 주어지고 있다. 이렇게 소수민족을 정책상 우대를 하여도 소수민족들은 계속 줄고 있으며, 또한 대부분의 소수민족들이 변방지방에 살아 경제적으로 한족보다 빈곤하다. 중국은 지금 각 민족의 평등, 단결, 상호원조를 국가 목표로 설정하여 강조하고 있지만, 중국을 이끌어 가는 주체가 한족이라는 사실은 부정할 수 없다.

2) 소수민족 개황

한족을 제외한 55개 소수민족이 전 국토의 40%에서 자치를 행하고 있는데, 각 소수민족 간의 인구 격차는 매우 커, 가장 많은 장족(壯族)은 1,500여만 명이지만, 가장 작은 낙파족은 겨우 2,300명에 불과하다. 인구수에 따른 소수민족을 분류해보면, 1,000만 명 이상 1개, 100만 명 이상 17개, 10만 명 이상 15개, 1만 명 이상 15개, 만 명 이하 7개 민족으로 구성되어 있다. 이밖에 일부 확인되지 않은 소수민족이 70여만 명이나 된다.

중국의 소수민족들은 다음과 같은 몇 가지 특징을 가지고 있다. 첫째, 분포지역이 광활하며 점유하는 면적이 매우 크다. 전체 인구의 10분의 1도 안 되는 소수민족들이지만, 5개 자치구 외에 많은 자치주와 자치현이 있다. 소수민족이 가장 많이 생활하는 지역은 남방의 산악지대인 운남성으로 35개 소수민족이 이곳에 거주하고 있다. 둘째, 생활양식은 비교적 적은 규모의 집거를 제외하고는 전국 각 지역에 흩어져 거주한다. 예를 들어 800만의 회족 중 영하회족자치구에는 겨우 100만 명 정도만 거주하고, 나머지 700만 명이 전국 각 지역에 흩어져 거주한다. 그리고 영하회족자치구에 회족보다 실은 한족이 더 많이 거주한다. 셋째, 대다수의 소수민족 자치지역은 변방의 광활한 고원 산맥 초원 삼림지대로, 지하자원이 많고 또한 목축업이 발달했다. 넷째, 대다수 소수민족 자치지역들은 변방지역이므로 인구가 희소하고 경제 문화적 수준이 비교적 낮다. 소수민족 자치지역은 주변의 인접

국가와 접해있어 국방 및 국제관계에서 중요한 지리적 위치를 차지하고 있지만, 지역이 광대하고 위치가 너무 떨어져 있어 교통이 불편하고 낙후되어 있다. 다섯째, 몇몇 소수민족들은 그 나름대로의 고유 언어와 문자를 가지고 있으나, 학교에서는 보통화를 배우고 있다. 또한 이들 소수민족들은 대개 자신들의 종교를 가지고 있는데, 그 중 큰 것이 회교와 티벳불교라고 할 수 있다. 이 외에도 그들이 믿는 각종 민간신앙이 아직도 많이 존재하고 많은 풍속을 보존하고 있다.

한족(漢族) : 중국인들이 스스로를 한족이라고 한 것은 한(漢)나라의 후손이라고 한데서 유래되었다. 그들이 사용하는 문자를 한자(漢字) 한문(漢文)이라고 한 것도 마찬가지이다. 이는 중국인들이 중국의 여러 왕조 중 한대(漢代)를 가장 자랑할 만한 조대로 여겼고, 또한 한대에 대부분 고대 사회제도의 골격이 이루어졌기 때문이다. 한족은 본래 황하강 중 상류지역(중원지역)에 정착하여 황하문명을 이루면서 주변 민족들을 문화적으로 동화 흡수하면서 차츰차츰 커져 지금의 거대한 중국이 되었다. 중국 역사상 이민족(유목민족)이 중국 전체를 몇 차례 지배한 적도 있었고 또한 중원지방을 수없이 많이 지배하였지만, 그들 역시 문화적으로 중화문화에 흡수되어 사라져버렸는데, 이에 중국인들은 한족이 중국을 다스려야 한다는 관념을 갖게 되었다. 한족이 중국에서 인구가 제일 많은 가장 중심되는 민족이다.

장족(壯族) : 1,500여만 명 정도가 있으며, 광서장족자치구와 운남성 광동성 등의 산악지역에 주로 거주한다. 중국의 소수민족 중 가장 인구 수가 많다.

회족 : 돌궐족(터키족)의 일종으로, 옛 전적에서 정령(丁零), 월지(月氏),

돌궐, 회흘(回紇), 사타(沙陀) 등 여러 명칭으로 불려 졌는데, 처음에는 몽고 등지에 정착했다가 나중에는 신강 감숙 섬서성 등지로 퍼져나갔다. 그들은 회교를 신봉하는데, 오랜 기간 중국과의 접촉을 통해 한족에 동화되었고, 일부는 지금 중앙아시아 터키인의 주류를 이루고 있다. 지금은 900만 정도 있는데, 주로 영화회족자치구와 감숙성, 하남성, 청해성, 하북성과 북경 천진 등 여러 지역에 분포한다. 그들은 회교율법에 따라 하루에 5번 동쪽 메카를 향해 예배를 드리고, 또한 돼지고기를 먹지 않는다. 중국 각지에 청진사(淸眞寺; 회교사원)가 있고, 또한 청진식당(淸眞食堂; 회교식당)이 있는데, 그들은 보통 머리에 창이 없는 흰 모자를 쓰고 다닌다. 중국은 종교를 거부하는 유물주의 국가임에도 불구하고, 이 회교는 중국 정부의 보호를 받고 있다. 이는 중국의 제1의 국시인 '단 하나의 중국(只有一個中國)' 정책을 유지하기 위해서이다. 사회주의 정책에 따라 회교를 탄압하는 것은 이들 회교를 신봉하는 소수민족들로 하여금 분리 독립 움직임을 야기 시켜 종국에는 중국의 분열로 나가게 할 수 있기 때문이다. 회교의 탄압은 곧바로 그들로 하여금 서쪽의 회교국가와의 통합 움직임을 불러오고, 또한 주변 회교국가들의 거센 반발을 야기시킬 것이다.

위구르족 : 650만 명 정도로 신강위구르 자치지역에 주로 거주한다. 이들 역시 회족과 마찬가지로 회교를 신봉하며 그들의 문화에 회교풍이 많다. 이들이 사는 지역은 서역지방으로 그들의 피부색은 황인종이라기보다 이란계통에 가까워 이국적인 느낌을 준다. 옛 동서교통의 중심지에 살았고 이들은 동서양의 문화교류에 주요한 역할을 하였었다. 건조한 지역이어서 포도가 유명하며 또한 양탄자도 명품으로 알려져 있다. 얼마 전까지만 하더라도 베일에 가린 신비의 지역으로 알

려져 있었는데, 지금도 소수 일부 여성들은 회교 율법에 따라 얼굴을 드러내놓지 않는다.

이족(彝族) : 600만 명 정도가 있으며, 그들은 주로 중국의 남쪽인 사천, 운남, 귀주, 광서성 등지의 산악지역에 살고 있다. 인종적으로는 말레이 계통인 듯한데, 이들이 중국문화에 동화되지 않고 아직까지 그들의 고유문화를 유지해올 수 있었던 것은, 외부와 격리된 산악지역에 주로 살았기 때문이다.

묘족(苗族) : 600만 명 정도가 있으며, 귀주, 호남, 운남, 사천, 광서, 광동, 호북성 등의 산악지역에 주로 사는 산악민족이다. 산가(山歌)를 노래 부르며 그들의 고유문화를 그대로 지니고 있어, 지금은 관광 목적으로 혹은 학술 목적으로 그들을 찾는 사람이 많이 늘고 있다. 지금은 많은 묘족인들이 한족에 동화되었지만, 아직도 산 속에서 그들

〈공연춤을 추는 산악민족인 묘족의 모습〉

의 전통문화를 유지하며 토속적인 생활을 하는 사람들이 있는데, 중국 정부에서는 이들을 보호하고 있으며, 민속학을 연구하는 사람들은 그 곳에 들어가 답사 연구하기도 한다.

만주족 : 동호(東胡) 퉁구스족으로 중국의 동북3성에 주로 거주한다. 역사에 등장하는 거란 여진이 모두 만주족의 일종인데, 이들은 주로 수렵생활을 하여온 기마민족으로 강건하다. 청대에는 만주족이 전 중국을 지배했지만, 지금은 이들 만주족들이 거의 한족에 동화되어, 만주족 고유문화의 특성을 많이 잃어버렸다. 우리가 익히 아는 변발과 여성들이 입는 치파오는 만주문화의 일종이다. 우리의 발해와 고구려 민족도 넓게 보면 만주족의 일종이라고 할 수 있다.

〈치파오를 입고 있는 만주족 여인. 변발도 만주족이 풍습.
청나라는 만주족이 세운 나라로, 말갈 거란 여진 등도 만주족의 일원〉

장족(藏族) : 티벳족이라고도 하는데 400만 명 정도가 서장, 청해, 서강 등지에 주로 거주한다. 그들은 달라이라마를 종교적 지도자로 모시고 라마불교를 믿어왔다. 중국의 라마불교 탄압에 반발하여 꾸준히 독립운동을 부르짖어 국제문제가 되어왔었다. 그러나 지금의 중국 지도자들은 그들의 종교를 인정하고 그들의 독립 기운을 무마시키기 위해 많은 당근정책을 펴고 있다. 지금에 와서는 종교를 거부하는 사회주의 국가 중국에서 정부의 보호를 가장 많이 받고 있는 것이 아이러니컬하게도 이 저급한 종교인 라마교와 라마문화라 할 수 있다.

몽고족 : 몽고족은 몽고, 열하(熱河), 녕하(寧夏) 등지에 정착했는데, 옛날에는 흉노라고도 불렀던 족속으로 강건한 기마 유목민족이다. 이 몽고족은 원대에 전 중국을 지배하였지만, 중국에 별로 동화되지 않아 한족과의 혼혈현상이 뚜렷하지 않다. 지금도 몽고족의 독자적인 나라(외몽고)를 가지고 있고, 몽고 특유의 문화를 잘 보존하고 있다. 지금은 400만 정도가 내몽고자치구와 신강, 흑룡강, 길림, 청해성 등지에 모여 살고 있다.

토가족(土家族) : 300만 명 정도가 호남, 호북, 사천성 등지에 주로 모여 살고 있다. 중국의 집시라고 불릴 정도로 중국 내륙을 떠돌아다니며 살았다고 하는데, 원래 북쪽의 중원지방에서 난을 피해 남으로 내려와 떠돌아다닌 민족이라고 알려져 있다. 문화가 독특하며 단결력이 강하고 상술이 뛰어난 것으로 알려져 있다.

조선족 : 길림성 연변조선족자치주에 주로 모여 살며, 그 외 동북 3성과 하남성, 북경, 천진 등에 많이 산다. 인구는 약 2백만 정도이다. 요즈음 우리 한국기업들이 중국에 많이 진출하여 사업상 많은 조선족들을 필요로 하기 때문에, 통역으로 혹은 한국인들이 자주 가는 식당과 가라오케의 종업원으로 종사하는 경우가 많다. 지금 우리 기업과 유학생들이 많은 북경, 천진, 청도, 대련, 심양 등의 대도시로 많이 몰

리고 있고 또한 한국에도 많이 나와 있다. 한국의 영향으로 중국의 소수민족 중 가장 부유해지고 있는데, 중국의 55개 소수민족 중 모국이 있는 민족은 몽고족과 우리의 조선족뿐이다. 지금 연변 조선족자치구에는 6.70만 명 정도 사는데, 젊은이는 대도시로 한국으로 돈 벌러 나가고 어르신과 아이들 밖에 없어 이에 조선족의 정체성이 많이 허물어지고 있다.

그 외 소수민족으로는 포의족, 동족, 요족, 백족, 하니족, 카자크족, 태족, 리족, 리수족, 써족, 라후족, 와족, 똥시앙족, 나시족, 토족, 수족, 키르키즈족, 강족, 다우르족, 징포족, 무라오족, 시보족, 사라족, 부랑족, 게라오족, 마오난족, 타지크족, 푸미족, 누족, 아창족, 어원스키족, 우즈베크족, 뻥룽족, 징족, 지누오족, 유구르족, 바오난족, 먼파족, 두롱족, 오로춘족, 타타르족, 러시아족, 루오빠족, 고산족, 허져족 등이 있다.

3) 뛰어난 소수민족 정책

중국은 56개 소수민족으로 이루어져 있다. 그 가운데 한족이 91.5%를 차지하고 있고, 나머지 55개 민족이 8.5%를 차지한다. 8.5%라고 하지만 절대 인구는 1억 2천만 명에 가까우니 절대 무시할 수 없다. 중국은 국무원 산하에 국가민족사무위원회를 두어 국가적 사업으로 소수민족 정책을 총괄하고 있다. 이 국가민족사무위원회의 주임은 장관급이다.

중국인들은 한족도 56개 소수민족의 하나라고 해, 다른 55개 소수민족에서 분리하여 특수한 민족으로 여기지 않으려고 하는데, 이는 다른

55개 소수민족들이 중화민족의 주류가 아니라는 느낌을 갖지 않도록 하기 위해서이다. 한족을 포함한 56개 소수민족으로 구성된 다민족 사람들을 통틀어 중국인이라고 부르고 중화민족이라고 부른다.

중국정부는 한족을 제외한 나머지 55개 소수민족에 대해 여러 가지 우대정책을 사용하고 있다. 2,016년까지 한족은 하나밖에 둘 수 없는 자녀를 나머지 소수민족은 둘까지 둘 수 있으며, 입학과 취업 등 모든 분야에서 가산점을 부여, 한족보다 더 많은 혜택을 주고 있다. 이런 소수민족 우대정책에 대해 한족들은 별로 불만이 없다. 각 성과 소수민족 자치지역 그리고 직할시 등에 민족연구소와 민족학교 등을 설립하여 각 소수민족의 언어·풍습·습관 등을 연구하고 또한 소수민족에 대한 정책을 세우기도 한다.

또한 소수민족이 많이 사는 곳에는 그 크기에 따라 자치구·자치주·자치현을 두어 자치를 허용하고 있다. 이들 자치지역에는 자결권은 없지만, '단 하나의 중국' 정책을 어기지 않는 이상 최대한 자치가 허용되고 있다. 중국에는 지금 내몽고자치구·영하회족자치구·광서장족자치구·신강위구르자치구·서장장족자치구 등 5개 자치구와 31개 자치주, 80개 자치현이 있다. 우리 조선족도 연변에 조선족자치주를 가지고 있다.

국토의 40%에 달하는 이 소수민족 자치지역은 중국의 동북지방·서남지방·서북지방에 많이 분포되어 있으며, 대부분 지하자원이 많고 변방지역으로 군사적 요충지이다. 6.7%에 불과한 소수민족이 전국토의 40%에서 자치를 행하고 있는 것이다. 그러나 이들 자치지역에 실은 소수민족보다 한족이 더 많이 살고 있고, 그 곳의 실제적 권력은 한족들이 가지고 있다. 그러나 이들 자치구·자치주·자치현의 정치적 관직인 서기와 장은 한족이 맡는 경우가 많지만, 행정적 관직인 부서기와 부장은 그 지역의 소수민족이 맡는다. 그리고 이곳에는 소수민족 언어로 강의하는 민족학교도 설립되어 있는데, 조선어로 강의하고 대부분의 교수진이 조선족인 연변대학이 그 예이다.

중국 역사를 세심히 살펴보면, 한족은 항상 변방의 소수민족에 대해 포용력을 가지고 우대하는 정책을 사용하여 왔었다. 중화문화에 감화되어 변방의 여러 소수민족들이 스스로 중국인이 되고자 한 것이 사실이다. 중국이 지금 14억이나 되는 엄청난 인구를 가질 수 있었던 것에는 집중문화인 농경문화 지역이라는 점 이외에도, 실은 소수민족을 우대하여 동화시키는 중국의 정책으로 말미암아 변방의 소수민족들로 하여금 중국에 복종하여 귀속되도록 한데도 그 이유가 있다고 할 것이다. 소수민족 스스로 중화문화권에 동화되도록 하기 위한 소수민족 우대정책은 이미 한대(漢代)부터 있어왔었다. 이런 소수민족 우대정책은 소수민족들의 분리·독립 기운을 일찌감치 차단하고, 한족과 무리 없이 융합시키는 역할을 해왔다.

지금은 많은 소수민족들이 중국의 뛰어난 소수민족 우대정책과 소수민족 지역으로의 한족 이주, 그리고 소수민족들이 근대교육 등을 통하여 많이 한족화 되었기 때문에, 소련이 붕괴되면서 나타나는 민족분열은 중국에서 좀체 일어나기 힘들 것으로 관측된다. 또한 일부 소수민족들은 그들 고유의 문자를 가지고 있지 않아 쉽게 위대한 중화문화에 동화된 것도 중국에서 소수민족운동이 일어나지 않게 만드는 요소 가운데 하나라고 할 수 있다. 교육을 통해 많이 한족화 되었고 또한 결혼을 통해 많은 젊은이들이 스스로 한족으로 민족을 바꾸기도 했다. 중국 최대의 소수민족인 광서 장족의 경우도 중화문화에 동화되어 그들 고유문화가 많이 사라져 중화문화와 별 구분이 없는 것이 사실이다. 지금 중국은 소수민족 우대정책의 하나로 소수민족 문화의 보존에 각별히 힘을 쏟고 있다.

그러나 과거 소수민족의 분리·독립운동이 전혀 없었던 것도 아니다. 19세기 신장 위구르족의 독립운동이 거세었는데, 중국은 지금 종교를 부정하는 사회주의 국가이면서도 그들이 믿는 회교를 극히 존중하고 있다. 회교의 탄압은 그들로 하여금 키르키스탄 같은 회교국으로 붙어 독립운동을 부르짖도록 할 것이 뻔하기 때문이다. 해방된 이후에도 라마교를 신봉하는 티벳의 독립운동이 있었고, 지금도 해외로 망명 간 달라이라마를 중심으로 어느 정도 계속되고 있다.

4) 중국인의 민족성

중국은 땅도 넓고 인구도 너무 많으며 역사도 유구하여, 곳곳에 사는 사람들 모두 그 나름대로의 문화를 가지고 있다. 그래서 중국인의 민족성을 한마디로 결론지어 간단하게 설명하기는 참으로 어렵다. 그러나 최대한 객관적이고 보편적인 내용만을 간추려 설명하고자 한다.

(1) 역사와 경험 중시

중국인들은 유가 복고주의와 농경문화의 영향으로 과거의 경험과 역사를 중시하는 경향이 강하다. 또한 변화무쌍하고 더 넓은 중국이란 땅덩어리에서 살아남기 위해서도 그들이 믿고 의지할 수 있는 것은 과거 선조들이 남긴 경험과 역사뿐이라고 생각한다. 중국은 옛날부터 중원지방을 중심으로 끊임없는 변란과 전쟁으로 점철되어 왔다. 이런 혼란의 와중에서 그들은 그들의 삶과 행동의 기준을 과거의 경험과 역사적 교훈에서 찾았다. 세계에서 중국처럼 역사의 기술을 중시한 나라도 없다. 사마천의 ≪사기(史記)≫ 이하 ≪청사(淸史)≫까지 중국의 옛 왕조들은 끊임없이 역사 기록을 남겨 지금 25사를 우리에게 전해주고 있다. 그들 중국인들은 과거에서 교훈을 찾아 그것을 가지고 현실에 비추어 삶을 살고자 한 것이다. 미래지향적이라기보다는 과거지향적이었다. 그들은 과거를 중시하고 역사를 중시하고 또한 조상을 중시하여 온 것이다.

(2) 참을성

잦은 변란과 전쟁 그리고 황하 유역의 자연환경이 결코 인간들의 삶에 유리하지 않았다는 점, 대가족제도로 말미암아 자신의 주의 주장을 크게 펼칠 수 없었다는 점, 그리고 마지막으로 숙청과 자아비판의 사회주의 체제에서 자신의 주장을 펴지 않고 숨죽여 살아왔기 때문에, 중국인들의 참고 견디는 능력은 타의 추종을 불허한다고 할 수 있다. 인내심과 참을성 꾸준함은 광활한 중국 대륙의 넓이만큼 이미 강한 중국 대륙인의 기질이 되어버렸다. 현대에 들어와서도 사상투쟁과 개조, 대약진운동, 문화대혁명, 개방 개혁 등의 수많은 정치적 변혁 속에서 삶을 살아왔다. 앞으로도 그들의 삶이 어떻게 변할 지 아무도 예측할 수 없다고 중국인들은 느낀다. 이런 불확실성과 혼란 속에서 자기 자신을 보호하기 위해서도 중국인들은 어떤 어려운 상황 하에서도 곰처럼 참고 견디며 지낸다.

(3) 무관심

국가 사회 정의를 중시하기보다, 자신 친척 그리고 관계가 있는 사람만을 중시하는 개인중심주의 이기주의가 개방 개혁 이후 중국인들의 기본적인 특징으로, 자기와 관련이 없는 일에 대해서는 중국인들은 철저히 무관심하다. 특히 문화대혁명을 거치면서 남의 일에 관여하였다가 피해를 본 일이 많아 절대로 남의 일에 관섭하지 않는다. 또한 역사적으로 볼 때 뜨거운 정치적 문제에 관여하여 자신의 목숨 가족 재산을 잃거나 자신의 당파를 몰락시키는 일이 비일비재했기 때문에, 중국인들은 본능적으로 관심이 있어도 무관심한 척하는 경우가 많았다. 이를 명철보신(明哲保身)이라고 비판하는 경우도 많지만, 혼란한 시대 삶을 유지하기 위한 한 방편이었을 것이다. 지금의 대부분 중국 부모들은 자식들에게 밖에 나가서는 절대로 남의 일에 끼어들지 말라고 가르친다고 한다.

(4) 자존심 자부심 우월감

중국인들은 그들이 중화민족이라는 것과 그들의 우수한 중화문화에 대해 굉장한 우월감을 가지고 있다. 역사적으로 볼 때 중국은 동양권에서 문화적으로 우월한 지위를 점해왔다. 가운데 나라 중심 되는 나라라는 뜻인 중국이란 용어가 그러하고, 가운데 들판이라는 중원이라는 용어가 그러하며, 가운데 활짝 꽃피운 민족이라는 중화민족이라는 용어가 또한 그러하다. 天이라는 절대신의 은택을 받는 아래 지역이라는 천하라는 용어가 그러하고, 절대신 天의 아들이라는 천자라는 용어가 그러하며, 또한 절대신 天의 명령을 받는다는 천명이라는 용어가 그러하다. 심지어 변방에 사는 소수민족들까지도 그들이 중화민족이라는데 대한 자부심은 아주 강하다. 중국인의 이런 강한 자부심이 14억 인구를 가진 거대한 국가로 만들었다고 여겨지는데, 또한 이런 강한 자부심을 바탕으로 앞으로 중국은 세계에서 미국과 다툴 수 있는 초강대국이 될 것으로 여겨진다.

(5) 현세주의 향락성

중국인들은 굉장히 실리주의적이고 현세주의적이다. 내세를 별로 중시하지 않아 타 지역에 비해 종교문화가 그리 발달하지 못했는데, 전 세계에서 인구 대비 종교인구가 가장 적은 나라가 바로 사회주의 국가 중국일 것이다. 중국에서 발생한 토착종교인 도교가 실은 내세를 별로 중시하지 않는 기복신앙적인 종교인 것으로도 알 수 있다. 지금 살아있는 이 지상에서 어떻게 하면 복을 누리고 재미있게 살 것인가를 늘 중국인들이 생각하고 있는 것이다. 그래서 현세에서의 즐거움을 위해 중국인들은 향락주의적인 경향이 아주 강하다. 중국에서 놀이문화 오락문화 음식문화가 발달한 것도 이 때문인데, 특히 광동성 일대의 음식문화와 놀이문화는 아주 발달되어 있다. 중국에서만은 그 중요도로 보아 의식주가 아니라 식의주라고 해야 할 판이다. 완상조각품, 패물, 장식품 등의 귀족 애호물이 중국에서 아주 발달되어 있다. 중국인들의 상술은 타의 추종을 불허하는데, 이도 중국인들의 현실주의적 사고방식에 연원한다 할 것이다.

(6) 보수성과 평화주의

중국은 농경국가이기 때문에 농경민족 특유의 보수성과 평화주의를 추구한다. 자연환경의 변화는 그들 농경인들의 삶에 불안정을 가져다주기 때문에, 그들은 변화 변동을 싫어하는 보수적인 경향을 가지게 된다. 또한 호전적인 유목민족과는 달리 농경민족은 일반적으로 평화주의를 추구한다. 남의 것을 약탈해서 살아가는 것이 아니라, 자기가 힘들여 농사를 지어야 살아갈 수 있어서 평화와 안정이 깨져 혼란이 온다는 것은 농산물의 수확에 악영향을 끼치기 때문이다.

이 외에 중국인들은 구체적인 것을 좋아하지 계통을 중시하지 않고, 전면적인 관찰을 중시하고 세부적인 분석을 싫어하며, 간단하고 요령 있는 표현방식을 좋아한다. 또한 중국인들은 자연을 중시하는 농경인답게 자연을 대하는데 있어 그것을 사랑하고 감수성이 예민하며 섬세하다 할 수 있다. 또한 강렬한 보상적인 성격이 있어서 밖으로 나타난 표정과 내심의 긍지가 자기의 참다운 감정을 은폐하기도 한다.

8. 중국의 인구정책

1) 단 하나의 독생자(只有獨生子) 정책과 포기

중국 정부에서는 중국의 인구포용 한계를 16억 명 정도로 보고 있다. 이 인구보다 많으면 중국이 그 어떤 경제발전을 성취하더라도 더 이상 중국이란 땅에서 포용할 수 없다고 여기고 있다. 중국의 국토면적은 40여 개의 나라로 이루어진 유럽의 땅덩어리보다도 넓다. 그러나 유럽인구는 3~4억 명에 불과하고, 비슷한 땅덩어리인 미국은 3억 2천만 명에 불과한 데 비해, 중국의 인구는 그 4배에 가까운 14억 명에 이른다. 전 세계 인구의 1/5에 가까운 숫자이다. 더구나 그밖에 홍콩과 대만지역 그리고 동남아지역과 미국에 주로 모여 살고 있는 화교들까지 모두 합친다면 정말로 전 세계 사람 5명 가운데 1명은 중국인이 된다. 중국인들조차 중국인들이 너무 많다고 느끼며 그 많은 인구에 대해 혐오감을 가지는 까닭도 여기에 있다. 중국의 국토면적은, 유럽보다 약간 넓다고 하지만, 그 국토의 40% 정도는 사람이 거주할 수 없는 지역이다. 중국인들은 북경과 사천성의 성도(成都)를 잇는 선상의 동남부지역에 주로 모여 살고 있다. 따라서 북경과 사천성의 성도(成都)를 잇는 선의 동남부지역은 그 어디를 가도 우리나라 못지않은 인구밀도를 느낀다. 그러나 서북부지역은 넓기는 하지만 거의가 못 쓰는 땅이라 인구밀도가 굉장히 낮다. 서쪽의 사막지대와 서남부의 고원지대는 사람들이 살기에 적합하지 않다. 더구나 추운 동북의 변경지방과 내몽골 지역을 위시한 북부의 초원지대 등 역시 사람들이 거주할 수는 있다고 하나, 그 곳에서 삶을 영위하기에는 적당하지 않다. 중국 공영텔레비전에서는 한 자녀정책에 대해 선전방송을 할 때가 가끔 있다. 그 선전방송을 듣노라면 중국은 땅덩어리가 넓어 14억에 이르는 인구를 모두 다 포용할 수도 있다고 생각할지 모르나, 실은 40% 정도가 인간이 거주할 수 없는 곳이며 이 지역을 빼면 사람들이 거주할 수 있는 지역에서의 인구밀도는 훨씬 높아져, 인구성장을 억제하는 것이 중국인의 생존권과도 관계된 지상 최대과제라고 계몽하고 있는데, 그 계몽이 피부에 와 닿는다. 중국은 지금 범국가적인 차원에서 이 못 쓰는 땅에 대해 대대적인 개간을 진행시키고 있다. 비록 실효를 거두고 있지는 못하지만 몽골지역에서 날아오는 황사바람을 막기 위해 황하의 서북부지역에 대대적인 방풍림 식수사업을 진행시키고 있는데, 역시 황사바람이라는 자연적 도전을 막기에는 역부족이다.

또한 중국은 대약진운동 기간과 문화대혁명 기간 중에 많은 인력을 강제로 동원하여 만주지방의 그 넓은 땅을 대대적으로 개간하였다. 원래 옛부터 사냥과 유목을 하던 지역, 추운 날씨와 황폐한 땅으로 인해 농사를 지을 수 없는 지역이었다. 이 황량하기 그지없는 북대황(北大荒)에 대한 개간을 성공시켜, 지금은 이 지역에서 대대적인 기계농업을 행하고 있다. 중국정부에서는 개간에 성공하여 농사를 지으며 사람이 살 수 있는 지역으로 만든 대표적인 성공사례로 이곳을 들고 있다.

또한 서부 사막지역에 대한 녹화사업과 서남부지역 고원지대에 대한 개간사업 등을 진행하고 있다. 불굴의 의지로 이 지역에 대한 개간에 성공한 사람들에 대해 표창을 하여 선양하며, 그들의 영웅담을 언론에 선전한다.

또한 대(大)중국주의를 추구하고 있다고 외국인들의 의심을 사고 있음에도 불구하고, 중국은 그 어떤 면에서 보면 국토를 확장시키고자 하고 있다는 느낌이 든다. 그 대표적인 예가 해남성 아래 지역 공해인 남중국해에 대한 영유권 주장이다. 필리핀·베트남·말레이시아 접경지역의 바다까지를 중국의 영해라고 주장하고 있는 것이다. 주변 국가와의 영유권 분쟁을 불사하고 이렇게 중국의 영해라고 주장하는 것은, 14억 인구를 먹여 살리기 위해서는 더 많은 영토와 자원을 확보해야 한다는 중국인들의 초조감도 어느 일면 내포되어 있다고 보아야 할 것이다. 인구에 비해 국토가 워낙 좁아 서산만 매립 같은 것을 해서 국토를 조금이라도 넓혀보려고 하는 우리나, 많은 인구에 비해 국토가 좁다고 생각해 국토를 개간하고 확장하려는 중국이나 뜻은 하나일 것이다.

중국 인구가 이렇게 많은 것은 모택동의 정책적 과오에서 말미암는다. 그는 미국을 위시한 자본주의 국가와 대적하여 사회주의 중국을 보위하기 위해서는 인구는 많으면 많을수록 좋다고 생각하였다. 중국을 해방시킨 모택동으로서는 자본주의 국가들로부터 중국을 보위하기 위해 중국인구가 많아야 된다고 생각한 것은 어쩌면 당연한 일이었는데, 이로 인해 중국 인구가 전 세계 인구의 5분의 1에 가깝게 된 것이다. 모택동 시대에는 단 한 번도 인구 억제정책을 실시하지 않았었다. 차라리 인구성장정책을 실시했다고 보는 것이 옳을 것이다.

모택동 이전에도 중국 인구는 결코 적지 않았다. 본질적으로 농경문화 지역사람인 중국인들은 전통적으로 다산을 선호하였다. 특히 손이 많이 가는 논농사를 짓는 데는 많은 노동력이 필요로 하였고, 또한 협동적으로 일해야 했다. 그런 까닭에 중국은 전통적으로 대가족제도를 이루어왔고, 또한 노동력 확보를 위해 특히 남아를 선호하였다.

1,949년 중국이 공산화될 무렵 중국 인구는 5~6억 정도인 것으로 추산되지만, 실은 모택동 시대와 그 이전에 정확한 인구통계를 내본 적도 없었다. 따라서 당시의 중국인들은 중국 인구가 과연 얼마인지를 정확하게 알지 못했고, 개방·개혁정책을 실시한 최근까지도 인구통계에 대하여 관심조차 가지지 않았었다.

일반적으로 1,959년 무렵의 중국 인구가 약 7억 정도였다고 추측되며, 1,994년 말, 이미 12억을 훨씬 넘어선 채 14억에 가까운 오늘에 이른 것이다. 오늘날, 중국 정부 통계국의 통계에 의하면 중국 인구는 하루평균 3만 5,068명, 연평균 1,280만 명이 자연증가 한다고 하니, 해마다 서울인구보다 많은 인구가 증가하고 있는 셈이다.

모택동 당시 인구학을 전공한 북경대학 경제학과 마인초(馬寅初) 교수가 중국인구의 증가는 중국경제에 심대한 타격을 줄 것이라고 여겨 인구 억제정책을 펼 것을 주장하였으나, 모택동에 의해 그의 의견은 받아들여지지 않고 오히려 숙청만 당하고 말았다. 그러나 숙청당했던 그 마인초 교수의 주장이 지금에 와서는 크게 받아들여지고 있는데, 많은 중국인들이 그의 선견지명을 존경하고 있다. 그렇게 지엄하기까지 한 숭배대상인 모택동의 두 가지 실수를, 지금의 중국인들은 중국의 인구증가를 막지 못했다는 것과 문화대혁명을 막지 못했다는 것이라 한다.

1,980년대 중반부터 중국정부는 본격적인 국가적 사업으로 인구 억제정책을 실시하기 시작하였다. 경제발전 같은 것은 언젠가는 가능한 일이지만, 인구를 억제하는 일은 쉽게 달성할 수 없는 난제 중의 난제라 여겼다. 중국정부는 중국의 사활이 인구정책에 달려 있다고 여기고 필사적으로 인구를 줄이려 하고 있었다. 그것이 여의치 않으면 최소한 인구성장률을 낮추려고 하고 있다. 국무원 산하에 '국가계획출산위원회'를 두었는데, 이 위원회에서 인구를 억제하기 위한 모든 정책을 통괄하고 있다. 이 위원회 주임은 장관급이다. 우리나라도 인구정책을 실시하지만, 그 업무는 보건복지부 장관 아래의 일개 국장이 담당하고 있다. 그러나 계획생육(計劃生育)을 총괄·담당하는 국가계획출산위원회 주임은 중국 국무원 안에서 서열 10위 안에 드는 고위관리로 장관급에 속한다. 이것을 보아도 중국이 인구 억제정책을 국가적 사업으로 얼마나 중시하고 있는가를 알 수 있다.

80년대 초에 설치된 중국국무원 산하의 국가계획출산위원회는 전국민을 상대로 계획생육(計劃生育)의 정책을 펼치고 있다. 중국인들은 정관수술이나 난관수술을 받고 한 자녀만을 양육하면 주택분양·휴가 등에서 여러 가지 혜택을 받을 수 있다. 그러나 두 자녀 이상을 낳게 되면 주택분양·휴가의 혜택이 없을 뿐만 아니라, 둘째 아이부터는 의료혜택도 없어지고 벌금을 내야 하는 등 여러 불이익이 따른다. 그런 까닭인지 지금 대부분의 중국인들은 이 한 자녀정책을 잘 따르고 있다. 중국인들도 중국인이 너무나 많다고 여기고, 또한 중국인들이 많은 상황에 대해 혐오감마저 느껴, 인구를 줄이려는 당국의 한 자녀 정책은 당연하다고 생각한다. 또한 지금 중국은 실제로 완전한 남녀

평등을 이루어 남아선호사상이 없는 것도 굳이 아들을 낳기 위해 두 자녀 이상을 가지려는 풍조를 없게 만들고 있다. 도시에 사는 40대 이하의 부부 가운데 두 자녀 이상을 가진 부부는 거의 없으며, 또한 한 자녀만 가지고 있다는 데에 대한 불만도 없고, 남아를 가지지 못한 데 대한 불만은 더욱 없다. 차라리 요즘 대도시에 거주하는 젊은 부부들의 근 20% 정도가 아예 자녀를 가지지 않으려고 하는데, 이들을 Dink 족이라고 부른다.

이렇게 도시에 거주하는 부부는 별 문제가 없으나 농촌으로 들어가면 아직 남아선호사상이 남아 있으며 또한 자녀를 여럿 두기를 원하기도 한다. 그래서 이런 인구 억제정책은 주로 농촌의 젊은 부부를 상대로 행해지고 있다. 중국의 드넓은 농촌을 가다 보면 담벼락 곳곳에 "계획적으로 낳아 기르자[計劃生育]" 혹은 "우수하게 낳아 우수하게 기르자[優生優育]", "단지 독생자만 가지자[只有獨生子]", "독생자를 가지는 것은 중국정부의 정책[有獨生子是中國政府的政策]", "아이가 적으면 적을수록 부유해진다[越少越富]" 등의 구호가 적혀 있는 것을 흔히 볼 수 있다. 농촌사람 가운데 남아선호사상으로 처음에 딸을 낳아 다시 아들을 보기 위해 낳으려는 사람들에게는 첫아이와 둘째 아이의 나이 터울이 5살 이상 나게 하고 있다. 아들을 낳겠다는 봉건적인 사고를 강제로 막아 불만을 사기보다는, 5년 터울로 낳게 하는 정책을 사용하는 것인데, 아이를 낳고 5년이 지나면 다시 아이를 낳고 싶다는 욕망이 사라진다는 심리를 이용하자는 것이다. 또한 중국정부는 만혼을 장려하여 결혼하려는 남녀의 나이의 합이 50이 넘지 않으면 당국에서 결혼을 허가하지 않으려 한다. 그러나 중국정부가 국가의 사활을 걸고 이런 한 자녀정책을 강력하게 실시함에도 불구하고, 지금도 일부 농촌에서는 아들을 낳기 위해 계속 출산하는 경우도 있고, 또 무지로 인해 피임방법을 몰라 두 아이 이상을 출산하는 경우도 있다. 이렇게 두 아이 이상을 출산한 경우에는 그 불이익을 두려워하여 첫 아이 이외의 나머지 아이는 호적(戶口)에 올리지 않는 경우도 있는데, 호적에 올라 있지 않은 이런 아이를 흑해자(黑孩子)라고 한다. 이런 흑해자가 이미 수천만 명이 넘을 것이라는 견해도 있다. 이런 흑해자는 출생신고를 아니한 아이와 같은 것으로, 교육과 의료·주택·직장 등 사회주의 국가인 중국 정부로부터 받을 수 있는 그 어떤 혜택도 받지 못하는데, 이런 아이가 결코 적지 않다. 또한 이렇게 호적에 올라 있지 않은 아이들은 중국 정부의 인구통계에도 잡히지 않을 뿐만 아니라 교육 등 어떤 혜택도 받지 못해, 후에 이런 흑해자가 어른이 된 후, 그들에 의해 빈민·실업·폭력 등의 많은 사회적 문제가 일어날 것이라고 뜻있는 사람들은 벌써부터 걱정하고 있다.

중국 행정단위 곳곳에 가족계획을 연구하고 계몽하는 '계획생육위원회(計劃生育委員會)'가 설치되어 있으며, 이곳에서는 무료로 정관과 난관을 수술하여 줄 뿐 아니라 피임기구도 무료로 나누어준다. 또한 이곳에서는 가족계획을 상담하고 여러 시책을 개발·홍보한다. 중국의 병원이나 약국에는 손님들이 잘 보이는 곳에 반드시 피임기구나 가족계획에 관한 여러 약들을 설치해야 한다. 사회과학원이나 과학원 같은 국영연구소에서 효과적으로 인구를 억제하는 정책과 그것을 홍보하는 정책을 만들어낸다. 계획생육위원회(計劃生育委員會)의 요원들이 농촌을 돌면서 젊은 부부를 상대로 홍보도 하고 피임약이나 기구도 나누어주며 치료도 해준다. 또한 중국정부는 가족계획이 잘 이루어진 마을을 골라 계획생육(計劃生育) 모범마을로 선정하여 여러 가지

혜택도 주며 선전한다. 인구증가를 억제하려는 중국정부의 노력은 정말로 눈물겹다고까지 할 것이다. 그러나 이런 눈물겨운 인구 억제정책을 사용하여도 인구는 줄지 않는다. 이전에 비해 인구증가율이 많이 둔화되기는 했지만, 여전히 절대인구는 계속 늘어나고 있다. 중국정부는 2,020년에 인구증가율을 0%로 잡아 더 이상 인구가 느는 것을 막겠다고 하며, 인구 억제정책에 국가의 사활을 걸고 있다.

그러나 2,017년도부터 이 하나낳기 정책을 공식적으로 포기하였다. 단 하나의 독생자 정책은 실은 많은 부작용을 가져왔다. 고령사회의 진입과 노동인력 부족을 가져왔으며, 또한 하나낳기 정책을 포기하더라도 중국이 급격하게 인구가 늘지는 않을 것이라는 확신을 가지게 되어 이를 공식적으로 포기 한 것이다. 지금까지는 이 하나낳기 정책 포기가 급격한 인구증가를 유발하고 있지는 않고 있다.

2) 소패왕(小霸王)- 하나 낳기 정책과 어린이 우대주의

14억 인구를 가진 중국은 범정부적으로 인구성장을 억제하기 위해 강력하게 가족계획을 실시했었다. 소수민족 자치지역에 거주하는 55개 소수민족들을 제외한 전체 중국인들은 아이를 하나밖에 낳을 수 없다. 인구성장을 억제하기 위해 한 자녀정책[只有獨生子]을 실시하는 것은 너무나 당연하지만, 이는 중국의 가정에 많은 문제점을 가져다주기도 한다. 머지않은 장래에 이들 독생자(獨生子)들이 결혼하게 되면, 친가와 처가댁 부모, 한 쌍의 부부, 한 자녀 등 7명이 한 가족을 이루는, 즉 “네 명의 노인, 두 명의 젊은이, 한 명의 아이[四個老人, 兩個

年青人, 一個孩子]"로 이루어진 역삼각형 구조로 된 가정이 중국의 일반적인 가정 모습이 될 것이다.

이렇게 한 자녀만을 낳고 기르게 됨으로 중국의 각 가정에서 자식은 보배로 대우받으며 성장한다. 이 하나밖에 낳을 수밖에 없는 자식을 위해 온 가족은 아이가 해달라는 것은 모두 다 들어주고 사준다. 자신은 낡은 옷을 입고 다니지만, 아이는 남에게 빠지지 않게 좋은 옷을 해 입힌다. 중국에서는 어린이를 겨냥한 상품은 어딜 가나 호황이다. 또한 이런 상품은 비싸고 고급스럽다. 중국 어린이들이 입고 다니는 옷과 장난감은 그 품질과 값에 있어서 결코 우리의 그것에 뒤지지 않는다. 아이의 등하교 시 항상 부모가 학교 앞에 가서 모셔 오고 모셔 간다. 중국에서는 유치원생 초등학생은 물론 중학생까지도 등하교 시 자식을 모셔 오고 모셔 가기 위해 부모들이 학교 앞에서 장사진을 치는 것을 흔히 볼 수 있다.

이 어린 패왕(小霸王)을 위해 중국의 부모들은 모든 능력 모든 재력을 동원하여 헌신한다. 이렇게 하나밖에 가질 수 없는 아이만을 바라보고 모든 정력을 쏟는 것은 아이를 버릇없고 자기만 아는 이기적인 아이로 만들기 십상이다. 중국의 아이들은 자기가 최고인 줄 알고 남들과 어울리는 사회생활을 할 줄 모르고 모든 것을 이기적으로 대해 중국의 장래를 암울하게 만들고 있다. 중국 정부에서도 이에 대해 각종 언론매체를 통해 대대적으로 계몽하고 있다. 부모의 맹목적이고 지나친 사랑은 아이의 성격을 버리고 독선적으로 만든다고 홍보하고 있으나, 하나밖에 가질 수 없는 아이에 대한 부모의 이기적인 열성은 좀처럼 식을 줄 모른다. 부모에게 대드는 아이, 의지력이 약한 아이, 남을 전혀 의식하지 않고 멋대로 행동하는 아이 등등, 중국의 미래를

짊어지고 가야 할 어린 새싹들에 대해 벌써부터 뜻있는 사람들의 우려의 목소리가 높다.

단 하나밖에 낳을 수 없는 자식에 대한 중국인들의 교육열은 한국 못지않다. 이미 시장경제 체재로 돌입한 요즘 중국에서의 신분 상승은 학력에 의해 많이 좌우되기 때문에, 상급학교 진학은 사회적 신분 상승을 보장해 주는 최선의 길이라고 여기고 있다. 일류학교에 들어가기 위해 경제적 부담을 고려치 않고 아이에게 온갖 과외를 다 시키려고 한다. 지금 자녀를 대학에 보내려고 하는 부모들은 예전에 문화대혁명 기간 동안 시골로 쫓겨 가 강제노역을 하며 학교에 갈 기회조차 잃어버린 사람들이다. 그러므로 그들이 못다 이룬 공부에 대한 꿈을 자식을 통해 실현하고자, 자녀의 공부에 대한 일이라면 돈에 구애받지 않고 무슨 일이든 하려고 한다. 우리나라에서도 서민들은 사기가 힘든 피아노를 몇 년 치 봉급을 모아 자녀를 위해 구입해 주고, 또한 영어와 컴퓨터를 가르치고 있다. 요즈음에는 개방화시대를 맞아 특히 영어교육에 관심을 모으고 있다. 얼마나 영어를 자유자재로 구사할 수 있느냐에 따라 성공이 보장되느냐 안 되느냐가 달려 있다고 믿는 중국인들이 많다. 어떤 가정에서는 어려서부터 국제적 감각을 키워준다는 명분에서 유치원에 다니는 자녀에게까지 과외선생을 들여 영어를 가르친다. 그러나 이런 맹목적이고 무분별하게 자녀로 하여금 배우게 하는 것은 많은 문제점을 가져다주기도 한다. 자기는 배우기 싫은데 부모의 욕심 때문에 배운다고 생각하는 자녀들은 나중에 부모를 실망시키고 비행소년으로 나가기도 한다. 또한 가정형편이 넉넉하지 못해 과외를 못하는 아이는 스스로 소외된다는 느낌을 가지기도 한다. 자식이 성공하기를 바라는 것을 중국에서 "자식이 용이 되기를 바란다[望子成龍]"고 흔히 말하는데, 지금 중국에서는 하나밖에 없는 자식이 용이 되게 하기 위한 온갖 열풍이 일고 있는 것이다.

〈한 명의 왕자와 공주로 자라는 중국 어린이들.
이기적이고 버릇없는 아이들이 많아 사회적 문제가 되고 있다. 중국 어린이날은 6월 1일〉

9. 해방된 중국 여성 - 반변천(半邊天) -

중국은 그야말로 완전한 남녀평등 국가이다. 법률 상 뿐만 아니라 실제 생활에서도 남성과 여성은 명실상부하게 평등하다. 아이를 낳아도 부부가 합의하면 어머니의 성을 따를 수 있고, 재산상속은 말할 것도 없고 가정과 사회에서의 모든 권리와 의무는 남성과 완전히 동등하다. 중국의 여성들은 남성들과 똑같이 직업전선에 종사한다. 개혁 개방 이전에는 사회통념상 남성이 할 수 있는 일, 여성이 할 수 있는 일이 따로 구분되어 있지도 않았다. 여성이라도 남성과 똑같이 힘들고 어려운 일에 종사해야 한다. 중국의 모든 여성들은 국가에서 분배해 준 직장에서 남성과 조금도 다름없는 일에 종사한다. 집안일에도 남녀 구분이 없다. 남성도 빨래하고 음식 만들며 설거지하고 청소도 한다. 여권 운동자들의 입장에서 보면 이를 완전한 남녀평등이라고 볼 수 있겠지만, 각도를 바꾸어 달리 해석하면 여성이라고 조금도 우대하는 면이 없다는 뜻도 된다. 사실상 중국 여성들은 남성과의 무차별적인 평등이란 명분 아래 혹사당하고 있다고도 볼 수도 있다.

모택동은 중국인의 반을 차지하는 여성들을 집과 전통의 굴레에 그대로 묶어두고서는 진정한 사회주의 혁명이 불가능하다고 믿었다. 이에 혁명운동의 잠재력으로 여성의 존재와 역할을 인식하고, 여성이

가사노동에서 탈피해 대규모 사회적 생산노동에 참여할 수 있을 때 진정으로 여성이 해방될 수 있다고 주장했다. 모택동은 "여성이 이 세상의 절반을 떠받치고 있다[半邊天]"고 선언하여, 여성의 남성과의 완전한 평등을 선언하였다. 중국의 여성들은 전 세계에서 가장 혁명적인 속도로 해방되었었다.

이에 중국여성들 가운데는 독립심이 강하고 자기분야에서 인정받고 있으며, 당당하게 업무를 처리해 나가는 사람이 많다. 여성들의 자신의 능력에 대한 인식은 전국 부녀연맹회 통계조사국의 보고를 보면, 중국 전체여성 가운데 30%가 남성이 여성보다 더 능력이 있다고 여길 뿐, 50%는 여성과 남성의 능력은 동등하며 여성도 남성 못지않게 업적을 남길 수 있다고 믿고 있다.

인민공사에서 남녀가 전혀 구분 없이 집체 생활을 해 온 중국여성들은 남성 못지않게 억세다. 남녀가 똑같이 힘든 일에 종사해 온 이런 중국 여성들에게서 그 이전처럼 복종하고 온순한 면모는 찾아볼 수가 없게 되었다. 운동시합에 참여하여 메달을 따는 것은 거의 여자선수들이다. 여자 역도는 거의 모든 체급이 세계기록을 가지고 있고, 여자 중·장거리도 세계적인 수준이다. 탁구도 남자선수보다 여자선수들의 실력이 더 뛰어나다. 여자 수영 역시 올림픽에서 서구선수들과 금메달을 다투고 있다. 다이빙과 체조도 남자선수보다 여자선수들의 기량이 더 뛰어나다. 이를 두고 중국인들은 중국이 음기가 세고 양기가 약한 음성양쇠(陰盛陽衰)의 나라라고 한다.

힘든 일상생활 속에 살아온 중국여성들은 부지런하고 온순 근면하며, 밥투정하지 않는 모범 남편[模範丈夫]을 원한다. 반면에 거친 중국여성들에 지친 중국남성들은, 한국의 옛 여성 같은 순종적인 여성과 결혼하기를 원한다. 그러나 이런 여성을 찾아 결혼하기란 그리 쉬운 일이 아닌데, 아니 어쩌면 아침에 일 나가고 저녁에 돌아오는 중국 여성들에게 온순하고 착하기만을 바라는 것 자체가 무리인지도 모른다. 중국에는 공처가와 처를 두려워하는 엄처가가 많다. 중국남자들의 농담 중에 "당신 기관염(氣管炎)에 걸리지 않았나?"라고 묻는 것이 있는데, 이는 기관염과 아내가 남편을 엄하게 관리한다는 처관엄(妻管嚴)의 중국어 발음이 같기 때문에 생긴 농담이다. 그 말뜻은 아내에게 꼼짝 못하고 사는 것 아니냐고 묻는 것과 같은 의미이다.

개혁 개방 이전 남녀 구별 없이 살아온 중국여성들은 이미 여성의 아름다움이란 아예 없고 오직 사회주의 노동자요 전사일 뿐이었다. 그러나 개혁 개방 이후 세대인 지금의 20대 30대 세대인 젊은 중국 여성들은 그 어머니 세대인 문혁 세대와 달리 많이 상냥하고 온순하며 여성적인 면도 가지고 있다. 그들은 화장과 패션 다이어트 등에 관심을 가지고 있다. 이들 여성들에게서 여성노동자며 사회주의 전사로서의 이미지는 이미 찾아보기 힘들다. 능력 있고 부유한 남성에게 시집가서 직장을 그만두고 남편만 내조하며 편안하게 현모양처로 살아가는 것을 가장 이상적인 삶으로 여기는 여성들이 늘어가고 있으니, 사회주의 혁명 전사를 꿈꾸던 중국여성들의 관점이 개방 개혁과 더불어 많이 바뀌고 있다 하겠다.

10. 중국의 젊은이

1) 개방시대의 중국 젊은이 - 연애와 결혼관 -

낮에 공원이나 학교 교정에서 포옹하고 키스하는 젊은이들을 심심찮게 볼 수 있다. 학교에서는 문명학교를 건립한다고 하여, 시에서는 문명도시를 건립한다고 하여, 이런 행위를 보위처(保衛處)나 공안에서 막기도 한다. 그 이유는 연인인 경우 부부증이 없으면 원칙상 숙박시설에 함께 투숙할 수 없고, 부부인 경우 좁은 집에 부모와 같이 거주하여 사랑의 행위를 나눌 수 없는 경우가 많기 때문이기도 하다. 게다가 사회주의 국가인 중국에서는 자본주의 국가처럼 다방이나 카페 등의 은밀한 장소가 대도시를 제외하고는 별로 없다. 이들 연인들이나 젊은 부부들은 극장에서도 포옹하고 키스를 한다. 극장에서는 이들이 마음대로 포옹과 키스를 할 수 있도록 구석진데 중간에 칸막이가 없는 2인용 의자를 만들어 두어 입장료에다 좌석료 까지 더 받기도 한다. 또한 중국에서 사회주의 혁명을 하면서 유가문화가 완전히 사라져버린 것도 스스럼없이 사랑을 표현할 수 있게 하는 한 이유라고 생각된다. 중국은 명실상부하게 완전한 남녀평등을 구가하고 있어, 남녀 간의 애정문제에 있어서 외부적인 장애 요인은 별로 없는 듯하다. 내숭을 떠는 여자는 중국에서 거의 찾아볼 수 없으며, 법률적·사회적으로 뿐만 아니라 실제 남녀 간의 심리상태도 같은 인격체로 완전히 평등한 느낌을 가지고 있어, 서로 마음에 있으면서도 속마음을 숨기는 경우는 드물다. 그 복잡한 전철이나 버스에서 젊은 연인들이 키스하고 포옹하는 것을 심심찮게 목격할 수 있다. 요즈음의 젊은이들은 남의 눈을 전혀 의식하지 않고 행동하는 경우가 많으며, 또한 일반 중국인들도 이런 일에 전혀 간섭하지 않는다. 절대 남의 일에 간섭하지 않는 습관이 나무라는 사람을 없게 만든 것으로 보인다. 게다가 괜히 간섭했다가 어떤 봉변을 당할지도 모른다고 생각한다.

집체(集體)국가 중국에서는 대부분 학생들이 학교 내 기숙사에서 공동생활을 하는데, 이렇게 한 학교에 남녀 학생들이 모두 자신들의 가족을 떠나 함께 공동생활을 하니, 누구의 간섭도 없이 그들 간의 스스럼없는 사랑을 마음대로 표현할 수 있다. 또한 학교 앞 대학촌도 별로 형성되지 못하고 학교 내 생활이 굉장히 단조롭고 외로워서, 남녀 학생들이 서로 연애하는 경우가 많은데 중국 대학생 중 반 이상이 연인이 있다고 한다. 게다가 많은 젊은 남녀들이 우리의 블루스 같은 교의무(交誼舞)를 사교춤으로 출 수 있어 아주 자연스럽게 사귈 수 있는 분위기가 되어 있다. 또한 주말이면 학생 단체에서 학교 강당을 이용하여 거의 매 주 교의무(交誼舞)를 출 수 있는 자리를 마련해 준다. 주말마다 하나의 사교장이 만들어지는 것이다. 이런 여러 가지 사회적·심리적 분위기 속에서 이성친구가 없는 것이 도리어 이상해 보인다. 게다가 중국 젊은이들은 술을 좋아하거나 혹은 연애하는 것을 경시하는 풍조가 별로 없기 때문에 더욱 그러하다. 이러한 건전한 연애문화가 많이 발달되어 있다고 할 수 있지만, 사회주의 국가인 중국은 성범죄를 자본주의의 가장 큰 악폐로 여겨 아주 엄격하게 처벌하고 또한 접대부들이 나오는 유흥업소가 별로 없기 때문에, 중국은 우리와 비교가 안 될 정도로 성범죄가 없는 편이다. 중국 공안당국은 연말에 퇴폐업소(주점, 룸싸롱 , 퇴폐 이발소, 퇴폐 사우나 등)와 퇴폐문화(퇴폐적인 영화, 잡지, 음악, CD 등)를 일소한다고 대대적인 단속을 하는 경우가 많은데, 이를 소황(掃黃)이라고 한다. 이런 분위기 속에서 남녀가 서로 사랑을 하더라고 결혼 전에 키스하고 포옹하는 경우는 많아도 함께 잠자리를 하는 경우는 드문데, 이는 결혼 전 성행위가 남과 여 모두에게 커다란 죄의식으로 느껴지기 때문인 것으로 보인다.

많은 중국 젊은이들은 연애결혼을 한다. 그러나 연애를 하면서도 외부적 요인에 의해 쉽게 헤어지기도 한다. 이것은 지금 중국의 급변하는 시대가 만들어낸 하나의 부작용이라고 보아야 할 것이다. 그들은 결혼 시 애정보다 배우자의 경제적·사회적 조건을 많이 내세우는 경향이 아주 뚜렷하다. 50년대에는 병사에게, 60년대는 노동자에게, 70년대에는 혁명가에게 시집가기를 원했던 그 중국의 여성들이 이제는 학력 높고 능력과 재력 있는 배우자를 구하기 원한다. 재력 있고 능력 있는 배우자를 구할 수만 있다면, 배우자의 나이·성격, 그리고 외모가 어떻든지 별로 중시하지 않는 여성이 가면 갈수록 늘어나고 있다. 또한 많은 경우 애정 없이 경제적 조건만을 따져 결혼하는 경우도 있고, 결혼한 이후에도 경제적 조건이 더 좋은 남자를 만나게 되면 미련 없이 이혼하고 다시 결혼하는 독한 신여성들도 결코 적다고는 할 수 없다. 경제적으로 모진 현실적 삶이 배우자의 경제적 조건을 우선으로 내세우는 새 결혼 풍속도를 만든 것이다. 외국인과 결혼하여 가정을 이루는 섭외가정(涉外家庭)이 개방·개혁 이후 폭발적으로 늘어난 것도 같은 이유 때문이다. 이를 두고 너무 현실적이라고 비판하고 싶지만, 중국의 현 상황을 이해한다면 그들의 그런 결정이 충분히 이해되기도 한다. 아마 중국이 앞으로 경제적으로 더욱 윤택해진다면, 점차 결혼 조건에서 애정을 우선시 하는 방향으로 나갈 것이다.

2) 젊은이들의 사상적 혼란

개혁 개방 이후 중국의 젊은이들은 막심한 사상적 혼란에 빠져 있다. 중국인들이 하늘같이 신봉하던 막스 레닌주의와 모택동 사상은 이제 허물어져 버렸다. 이제 사상적으로 그들이 믿고 의지할 데가 없다. 게다가 지금 많은 중국인들은 부를 이룬 자들이 비정상적인 방법으로 부를 축척했다고 믿고 있다. 이제 젊은이들 사이에서도 어떤 방법을 사용하든지 간에 돈을 많이 벌면 된다는 배금주의적 사고방식이 서서히 대두되고 있다. "모든 것은 돈을 향해 바라보는[一切向錢看]" 젊은이들이 차츰 늘어나고 있는 것이다. 그러나 일부 의식 있는 젊은이들은 아직도 막스 레닌주의를 신봉하며 정치적 삶을 살고자 한다. 그들은 지금 어쩔 수 없이 자본주의 시장경제를 받아들이지만, 사회주의에 대한 정치적 신념은 변하지 않는 사람들이다. 그러나 이런 의식 있는 젊은이들은 차츰차츰 줄고 있다.

지금 대부분의 젊은이들은 정치에 무관심하다. 이는 자신의 일이 아니면 절대 끼여들지 않는 중국인들의 습성과 함께 정의감과 사회적 책임감이 부족한 데서 기인한다. 89년의 천안문사태가 실패한 원인도 여기에서 찾을 수 있다. 그러나 최고의 엘리트로 자처하는 북경대 학생들 가운데에는 정치에 관심을 두는 학생들도 있다. 이는 그들 부모

중에 고위 당정(黨政) 관료들이 많아, 그들은 쉽게 고위층의 사정을 알아 정치에 관심을 가질 수 있는 분위기 속에 살고 있기 때문이다. 때문에 북경대학에 반체제 지하 정치서클이 있다고 하나, 이는 특수한 예이고 대부분의 중국 젊은이들은 정치에 관심이 없다. 정치란 나와 전혀 상관이 없는 남의 일이라고 생각한다. 내가 어떻게 해봐야 그야말로 계란으로 바위치기일 뿐이고 나만 희생될 뿐이지 정치에는 그 어떤 변화도 줄 수 없다고 느낀다. 대부분의 중국인들과 마찬가지로 젊은이들도 현실적인 이익과 경제 그리고 자신의 출세에만 관심을 가지고 있다.

또한 중국이 이렇게 경제적으로 피폐한 것은 사회주의를 했기 때문이라고 비판하며, 자본주의를 맹목적으로 추종하는 젊은이들도 차츰차츰 늘고 있다. 지금 젊은이들 가운데에는 맹목적으로 서구문화를 선호하는 사람들이 늘고 있다. 햄버거를 먹고 콜라를 마시며 서구의 젊은이들처럼 머리와 옷차림을 하고, 아무 의식 없이 돌아다니는 젊은이들도 있다. 우리의 압구정동 아이들 같은 젊은이들이 중국에 엄연히 존재하며, 그들은 가면 갈수록 그 숫자가 늘 것이다. 물론 대다수의 젊은이들은 이런 행동을 하고 싶어도 돈이 없어 하지 못하지만, 부모 잘 만난 일부 젊은이들은 팝송을 듣고 기타를 치며 돌아다니고 있다.

개혁 개방 이후 사상적 혼란을 겪은 중국의 젊은이들은 많은 부분 도덕적으로 결핍되어 있다. 그들은 어른을 공경하지도, 또한 공중도덕을 지키지도 않는다. 중국 정부에서는 이를 막기 위해 옛 문화 복구라는 명분으로 유가문화를 복원·재평가하고 있다. 봉건주의의 잔재라고 평가 절하해 마지않았던 공자사상을 이제 와서 다시 평가하여 부흥시키는 것은 하나의 아이러니가 아닐 수 없다. 또한 학교에서 막스 레닌주의와 모택동 사상을 가르칠 뿐 아니라, 도덕불감증에 걸린 젊은이를 치료하기 위해 어려서부터 3자의 도덕적 경구(警句)로 이루어진 『삼자경(三字經)』과 『신삼자경(新三字經)』을 가르치고 있다. 이들 책은 개혁 개방을 하면서 오직 물질적 풍요만을 지향하며 정신적으로 피폐해진 젊은이들을 치료하기 위해, 사회주의 정신문명 건설이란 명분으로 사회주의의 우수성과 뛰어난 도덕성을 강조하는 내용으로 되어 있다.

지금 중국은 옛 사상은 무너지고 아직 새로운 사상이 확립되지 않아 중국의 젊은이들 가운데 아무런 가치의식도 없이 오직 경제적 현실을 쫓아 살아가고 있는 사람들이 가면 갈수록 늘어, 이에 중국 정부에서는 새로운 가치관 확립을 위해 유가를 재평가하고 애국심운동을 부르짖으며 사회주의 정신문명 건설을 강력하게 추구하고, 또한 도덕성과 공중성, 그리고 "인민을 위해 복무하자[爲人民服務]"는 운동을 경제건설 추구와 더불어 강력하게 부르짖고 있는 것이다. 그러나 개혁 개방 속에 사회주의와 자본주의가 뒤범벅이 된 현재 중국 사회에서 여전히 중국의 젊은이들은 사상적으로 방황하고 있다.

11. 중국의 역사

중국 역대 왕조의 변천과정을 대략적으로 살펴보면, 三皇五帝 - 夏 - 商(殷) - 西周 - 東周(春秋 戰國) - 秦 - 西漢 - 新 - 東漢 - 魏 - 西晋 - 東晋 - 宋 齊 梁 陳(5胡 16國) - 隋 - 唐 - 5代 10國 - 北宋 - 南宋(遼, 金) - 元 - 明 - 淸 - 中華民國 - 中華人民共和國으로 변하고 있다. 이를 시기적으로 구분해 보면 다음과 같다고 볼 수 있다.

고대 : 선진(先秦)시대부터 진(秦) 양한(兩漢)시대까지

중세 : 삼국(三國) 남북조(南北朝)부터 수(隋) 당(唐) 오대(五代)까지

근세 : 송(宋) 원(元) 명(明) 청(淸)

최근세 : 1,840 아편전쟁 이후부터 지금까지

1) 고대사

중국 역사책에 등장하는 삼황오제(三皇五帝)는 중국인들이 그리는 전설적인 여덟 임금들로 실존하지 않은 임금들이다. 우리가 중국의 최고 통치자들을 황제(皇帝)라고 부르는 것은 실은 三'皇'五'帝'에서의 황(皇)과 제(帝)라는 용어에서 나온 것이다.

이 중 오제의 마지막 임금들인 요(堯)와 순(舜)임금은 유가인들이 내세우는 전형적인 성군들이고, 임금 자리를 덕이 있는 사람에게 물려준 즉 선양(禪讓)을 한 대표적인 임금들로 여겨지고 있다. 중국인들은 정치를 잘한 태평성대 황금시대로 이 요임금과 순임금이 다스렸던 시대 즉 요순시대를 들고 있다. 중국인들은 항상 이 요순 황금시대를 그리워하며 돌아가고 싶어 한다.

요임금은 덕이 있는 순에게로, 또 순임금은 덕이 있는 우(禹)에게 왕위를 선양했는데, 우임금 이후부터는 자신의 아들에게로 왕위를 물려주니 이에 왕위가 세습된다. 요에서 순, 순에서 우로의 왕위 이양은 실은 부족연맹체 혹은 씨족연맹체에서의 타 부족으로의 왕위 이양(선출 혹은 호선으로) 과정을 나타내는 듯한데, 이를 유가인들은 덕이 있는 사람으로의 왕위 이양이라고 미화하여 유가적 성군으로 만든 것으로 보여 진다.

왕위가 아들에게로 세습되는 때부터를 고대국가가 성립된 것으로 보는데, 그래서 중국에서는 우임금에 의해 왕위가 세습되어진 나라인 하나라부터를 고대국가라고 본다. 문헌상의 기록만으로 추측하면, 이 하나라는 500년 간 지속된 노예제 사회인 것으로 보여진다. 하 왕조의 귀족계급들은 노예와 평민들의 반항을 진압하기 위해 군대 관료체제 및 가혹한 형벌제도를 수립하였다. 당시 청동의 야련(冶煉)과 제조는 상당한 수준에 달했고 또한 비교적 형태를 갖춘 문자가 있었던 것으로 추측된다. 그러나 이 하나라에 대해서는 그것을 증명해 줄 그 어떤 고고학적 발굴도 없기 때문에, 역시 전설상의 나라였지 실존한 나라라고는 보기가 힘들다.

옛 임금들의 최대 임무는 황하의 물줄기를 잘 다스리는 치수작업이었다. 치수작업을 잘 이룬 임금은 성군으로 추앙받고, 그렇지 못한 임금들은 쫓겨나고 심지어 살해당하기조차 했었다. 이들 요임금 순임금 우임금들도 물론 치수작업을 아주 잘하여 성군으로 추앙받은 것이다.

그 후 하민족보다 서쪽 민족인 상(商)민족이 일어나 동쪽으로 하의 포악한 마지막 임금인 걸(桀)임금을 멸망시키고 나라를 세웠다. 이후 서쪽 이민족의 침입을 받아 다시 은(殷)이라는 지역으로 도읍을 옮기니, 이에 이 나라를 은나라라고도 칭한다. 19세기까지만 하더라도 은나라는 실존하지 않은 나라로 여겨졌으나, 20세기에 들어와 은허가 발굴되고 그 곳에서 갑골문이 발견됨으로 인해 그 실체성이 확인되었다. 은허의 유적 유물을 연구한 결과 은나라는 무문화(巫文化)가 상층문화로 군림한 제정일치 사회였고 노예제 사회였다.

그 후 은의 포악한 마지막 임금인 주(紂)임금을 물리치고 서쪽의 주(周)민족이 중원지방을 제패하여, 호경(鎬京)을 도읍으로 한 봉건국가인 주나라를 탄생시켰다. 이 후 서쪽 이민족의 침입으로 낙양으로 수도를 옮긴 때부터를 동주시대라고 하는데, 이 동주시대에는 주나라 임금의 힘이 미약하고 여러 제후국들이 쟁패한 시대로 이도 춘추시대(B.C 770 - B.C 476)와 전국시대(B.C 475 - B.C 221) 로 나뉜다. 이 시기에는 제철기술이 신속히 발달했고, 철제 농기구로 농사일을 했기 때문에 경지면적이 확대되었다. 이에 경제가 발전함에 따라 낡은 노예제 하의 생산관계가 새로운 생산력을 속박하게 되자, 지배계층에 반대하는 노예와 평민들의 투쟁이 격렬해졌는데, 그 결과 신흥 지주계급이 기존의 지배계급을 대체하게 되니, 이에 노예제에서 봉건제로 진입하는 과도기가 시작되었다. 또한 이 시대는 중국 역사상 전형적인 분열의 시대로 양자강 유역까지 중국의 역사 무대가 넓혀졌다는 것 그리고 이에 따라 중국이라는 영토에 대한 개념이 넓어졌다는 것과 여러 제후국들의 통치에 호응하기 위해 제자백가(諸子百家)라고 하는 수많은 사상가가 나왔다는 것이 중국 역사에서 아주 중요하다. 후대 중국인들에게 큰 영향을 미친 사상 중 외래 사상인 불교를 제외한 모든 사상이 이 때 모두 싹튼다고 할 수 있다. 유가, 도가, 법가, 묵가, 병가 등등의 모든 사상들이 이때에 활발하게 꽃을 피운 것이다. 춘추시대는 춘추오패(春秋五覇)를 중심으로 한 제후국들이, 전국시대에는 전국칠웅(戰國七雄)을 중심으로 한 제후국들이 큰 힘을 가지고 다투었는데, 마지막에는 서쪽의 제후국인 진(秦)나라에 의해 천하가 통일되었다.

동이(東夷) 서융(西戎) 남만(南蠻) 북적(北狄)이라는 개념은 자기 민족이 사는 지역보다 동쪽 서쪽 남쪽 북쪽에 사는 이민족들은 지칭하는 일반 용어들이었다. 고로 주민족은 동쪽의 殷민족을 동이족이라고 지칭했고, 또한 노나라와 제나라 그리고 노나라 태생인 공자도 주나라 사람들이 기록한 문헌을 보면 동쪽 오랑캐 즉 동이족이라고 지칭했음을 알 수 있다. 이는 주 초기 사람들의 중국에 대한 영토관을 알 수 있게 해준다. 또한 전국시대에도 산동 반도의 제나라 사람들을 동이족이라고 지칭했는데, 이는 당시 사람들이 제나라를 중국의 일부로 보지 않았음을 그리고 그 곳에 사는 제나라 사람들을 중국민족으로 보지 않았음을 나타내 준다 하겠다. 천하를 통일한 진나라 때에 와서 비로소 산동 반도까지도 중국 영토의 개념에 들어가니, 그 때부터 중국인들이 말한 동이족은 산동 반도의 동쪽인 한반도에 사는 사람 즉 우리 민족을 지칭하기 시작했다. 일부 국수적인 한국학자들은 동이족이 무조건 우리 민족을 지칭하는 고유명사로 여겨, 은나라가 옛 우리나라의 조상이고 공자도 우리 조상이라고 주장하기도 하며, 또한 우리 민족이 중국의 황하강 유역까지 진출했다고 주장하는 것은, 문헌에만 의지하여 우리 민족에게 유리하도록 해석하려는 국수주의의 한 형태일 뿐이라고 할 수 있다. 우리 민족만을 동이족이라고 지칭한 것은 산동 반도까지 중국 영토의 개념에 들어간 진시황 이후의 일인 것이다.

황하강 상류의 진이 여러 제후국들을 무력으로 통합하고 천하를 처음으로 통일하였는데, 진대에 와서 남방의 양자강 유역까지를 통합함으로써 지금의 중국의 골격을 이루었고 처음으로 천하를 대통일했다는 점에서 중국 역사에서 아주 중요한 의의를 지닌다. 진은 자신의 통치를 공고히 하기 위해 전국에 군현제(郡縣制; 중앙집권의 관리제도), 서동문(書同文; 문자의 통일), 거동궤(車同軌; 도로의 통일)를 시행했으며, 여러 가지 통일정책을 사용했다. 또한 화폐와 도량형을 통일시키고 토지의 사유화를 확립했는데, 이 같은 제도는 중국의 통일과 봉건사회 발전에 중요한 촉진작용을 했다. 또한 진시황은 자신의 통치를 공고히 하기 위하여 모든 사상을 물리치고 오직 이사 한비자 등의 엄격한 법가 사상만을 받아들여 혹독한 법치통치를 시행하였다. 이로 인해 많은 민중들이 혹독한 고통을 받아 이에 대한 반발로 진은 30년을 넘지 못한다. 또한 그는 많은 인력을 강제로 동원하여 만리장성을 구축하고 아방궁을 수축하였다. 그리고 사후에도 계속 황제 노릇을 하기 위해 자신의 무덤을 거대하게 수축하였는데, 지금 그의 무덤에서 수많은 병마용이 발굴되어 당시의 병제(兵制)와 사회상을 알 수 있게 해준다.

기원전 202년 지방관리였던 유방은 진나라 말기에 발생한 농민봉기를 이용하여 군사를 일으켰다. 이후 혼란 상태에서 그는 항우를 물리치고 다시 천하를 통일하고 한나라를 세운다. 서한왕조는 200년의 통치를 거치면서 통일된 중앙집권의 봉건국가를 공고히 하였다. 이 시기에 걸출한 황제인 무제(武帝)는 흉노족을 물리치고 서역으로 진출하여 비단길을 뚫었고, 또한 남방을 경영하여 중국의 영토를 많이 넓혔다. 또한 그는 경제적으로 대규모의 수리(水利)공정을 건축해서 농업기술 수공업 및 상업 등에서 뚜렷한 발전을 이룩했으며, 이때에 많은 중요한 도시들이 출현했다. 또한 국제무역을 촉진시켰는데, 수도인 장안은 국제적인 중심 도시가 되었다. 또한 이때에 많은 사상가 발명가 문학가 역사학자들이 나와, 사상 과학 문화의 황금시기가 되었다. 또한 그는 모든 학술사상을 물리치고 오직 유가만을 궁중 학관에 받아들임으로 인해, 그 이후 이 유가사상은 중국의 지배 정치 학술사상으로 군림했다.

그러나 서한 후기부터 조정의 정치가 날로 부패해지고 곳곳에서 녹림군(綠林軍) 적미군(赤眉軍)같은 농민봉기가 자주 발생했다. 이런 농민봉기 과정에서 유수(劉秀)가 왕망(王莽)의 신(新)을 뒤엎고 유씨왕조를 다시 복원하여 낙양을 수도로 한 동한을 건립하였다. 동한은 기원 220년까지 지속되었는데, 통치한 195년간에 봉건사회는 계속 발전되었으나 또한 각종 모순도 심화되었다. 동한 후기 중앙 집권세력의 약화를 틈타 지방 할거세력들이 출현해 치열한 투쟁을 하는 과정에서 황건적의 농민반란이 발생했다. 그 결과 군벌들 간의 혼전양상으로 진입했는데, 최종적으로는 중원지방을 기반으로 하는 조조 조비의 위, 양자강 하류를 기반으로 하는 손권의 오, 사천지방을 기반으로 하는 유비의 촉이 정립하는 삼국시대가 시작되었다.

2) 중세사

동한 말이 되자 황제의 권력이 아주 미약해졌는데, 이 때 한 헌제의 승상 조조가 권력이 막강하여 마음대로 정권을 좌지우지하다가 그 아들 조비의 단계에 와서는 마침내 헌제를 폐위시키고 위나라를 세웠다. 이에 한나라는 공식적으로 멸망하게 된다. 이 때 양자강 하류의 손권의 오, 사천지방의 유비의 촉이란 나라가 서서 위나라와 천하를 쟁패하니 이를 역사에서 삼국시대(220 - 280)라 부른다. 나관중이 지은 소설 ≪삼국지연의≫에서는 유비의 촉을 정통적인 나라인 것처럼 기술하고 있으나, 실은 한을 이어받은 조비의 위나라가 정통적인 나라이다. 나관중이 촉을 정통적인 나라인 것처럼 기술한 것은 한의 유씨 왕조를 같은 종씨인 유비가 이어받은 것으로 보았기 때문이다. 그러나 실은 오나라나 촉나라는 중국의 변방 제후국에 불과했다.

사마염(司馬炎)에 의해 다시 위나라를 무너뜨리고 천하를 통일하여 군벌들의 혼전을 종식시켰는데, 이를 진(晉)나라라고 한다. 그러나 서진 통치계급들은 극히 부패했으며, 또한 내부적으로 권력 쟁탈이 심하여 결국 50년 만에 팔왕지란(八王之亂)이 일어났다. 2대 때인 사마예(司馬叡)는 북방 유목민족의 침입으로 수도를 건업(建業; 지금의 남경)으로 옮기니 이를 동진(東晋)이라고 하며, 이후부터 중국의 중심 무대는 양자강 유역의 남방이 된다. 양자강 유역에서는 한족이 세운 유송(劉宋), 남제(南齊), 양(梁), 진(陳)이 동진을 이어 계속 들어섬으로, 남조문화가 활짝 꽃을 피운다. 남쪽에 나라를 세운 오, 동진, 송, 제, 양, 진의 6개 나라를 육조(六朝)라고 부른다. 이 시대에는 남쪽의 지리적 환경으로 말미암아 귀족적인 유미주의 문화가 활짝 꽃을 피운다. 중국의 대표적인 유미주의 시대이다. 이 시기에는 황하유역에서 내려온 다수의 이민들이 선진적인 생산기술을 가져왔기 때문에, 양자강 유역의 경제는 비교적 빠른 발전을 이룩하였다. 또한 이 시기에는 전반적으로 문학 철학 과학기술 종교 예술(특히 불교예술) 등에서 커다란 성취가 있었다. 북쪽에는 다섯 오랑캐의 16국이 들어서는 5호 16국의 혼란기에 접어드는데, 이를 합쳐 이 시대를 위진남북조 시대라고 지칭한다. 중국의 대표적인 분열의 시기이다.

581년 양견(楊堅)은 근 300년 동안 지속된 위진남북조의 분열을 종식시키고 천하를 대통일하였는데, 이가 바로 수나라이다. 그러나 이 수나라는 37년간의 짧은 명맥을 유지하다가, 다시 이세민(李世民)에 의해 무너지고 당나라가 들어선다. 당나라는 중국문화가 활짝 꽃을 피웠던 시대였고, 사상(儒, 佛, 道)의 황금기였으며, 또한 서역과도 교류가 많았던 시대였다. 이 당나라를 문학적으로 또 초당 성당 중당 만당으로 나누는데, 안사의 난을 전후로 전기시대인 초당과 성당에서는 귀족문학이, 후기시대인 중당과 만당에서는 사실주의적인 민간문학이 크게 대두했다. 안사의 난으로 많은 세습귀족들이 몰락하고 신흥사대부들이 상층부로 올라오면서 그들이 즐겼던 많은 민중적인 문학장르를 가지고 왔던 것이다. 안사난 이후 사(詞), 전기소설(傳奇小說), 변문(變文) 등의 문학 장르가 나타남도 이 때문이다.

당 송 사이의 70년간에 오대십국(五代十國)이라는 분열의 시기가 존재했는데, 오대란 후량(後梁), 후당(後唐), 후진(後晋), 후주(後周) 등 후(後)자가 들어간 다섯 나라로 중원지방에서 잠시나마 황제라고 칭해졌던 나라이고, 10국은 황제라는 이름도 붙여보지 못한 미미한 나라인데, 그러나 그 중에 남당(南唐)과 서촉(西蜀)이 비교적 알려져 있다.

이 중세시기는 중국이 절반은 분열되고 절반은 통일된 시기로, 분열에서 통일로 향하는 과정에 처해 있었다. 또한 중국의 봉건사회가 진한시기에 확립된 이후 공고화되고 발전과 전성을 향해 나가던 시기였다.

3) 근세사

개봉을 수도로 조광윤이가 송나라를 세웠다. 이 송나라는 문치를 내세워 학술 문화 방면에서는 일가견을 이루었으나, 국력이 아주 미약하여 후에 여진족의 침입을 받아 수도를 남쪽의 항주로 옮겼는데, 이를 남송이라고 한다. 이 때 북쪽에는 거란족(遼), 여진족(金), 서하(西夏), 몽고족(元)의 유목 민족들이 세운 나라가 중원지방에 계속 들어섰다. 후에 몽고족이 남송까지 쳐서 천하를 통일하고 북경을 처음으로 수도로 했다. 이 이후부터 중국은 계속 북경을 수도로 하기 시작했다. 남송에서는 주자를 중심으로 한 성리학의 기풍이 일어나 철학 사상 방면에 큰 변화가 있었다.

유목민족 몽고족이 세운 원나라는 중국문화에 있어서는 암흑기였다. 그러나 원나라 때 중국의 영토는 확대되었고, 각 민족들이 보다 융합되었으며 아시아 및 서구국가들과의 관계도 한층 강화되었다. 그러나 민족적 압박이 가중되고 사회적 모순도 첨예해져서 원나라는 100년을 채우지 못하고 1,368년 주원장의 농민봉기에 의해 붕괴되었다.

이렇게 남쪽의 주원장이 원을 물리치고 명을 세웠는데, 명은 남경을 수도로 삼았으나 후에 북경으로 수도를 옮겼다. 원의 암흑기를 거친 명은 옛 중국문화를 복원하려는 기풍이 많이 일어, 이 시대에는 새로운 문화는 만들어내지 못하고 과거 문화를 되씹는 복고주의 경향이 크게 일었다.

명 말기에 이자성이 이끄는 농민혁명이 발생했는데, 명정부에 심대한 타격을 주었다. 이 틈을 이용하여 막강한 군사력을 지녔던 소수민족 만주족이 산해관으로부터 북경을 침략해 명을 멸망시키고 청을 세웠다. 명 초기부터 청 중기에 이르는 470년 간 중국은 줄곧 통일된 다민족국가의 형태를 유지하였다. 청 중엽부터는 중국에서 자체적인 자본주의의 맹아가 싹트기 시작했다. 또한 이때부터 카톨릭과 더불어 서구의 문물이 들어오기 시작했는데, 서구 자본주의 열강의 침략과 압박으로 중국은 점차 반식민 반봉건사회로 전락하고, 빈곤하고 낙후한 국가로 변했다.

4) 최근세사

1,840년 이후 중국은 아편전쟁(1840), 태평천국의 난(1,851 - 1,864), 중일전쟁(1894), 유신변법(1898), 의화단운동(1990), 신해혁명(1911) 등으로 청의 봉건제도는 급속히 무너지고 차츰차츰 서구의 반식민지 상태와 혼란한 군벌시대로 들어갔다. 이 시기는 청조 수구세력들의 부패, 서구 열강들의 침략과 이권 쟁탈, 농민들의 반란, 일본의 침략, 군벌들의 발호, 개량적인 민주세력의 등장, 선각자들의 각성 등등으로 혼란과 변화가 극치에 달한 시점이었다. 그러나 이 시기는 아직 민주세력과 선각자들이 그렇게 힘을 발휘하지 못하고, 여전히 수구세력과 군벌, 서구 열강들이 세력을 넓히며 자신들의 이익만을 추구하던 시기라고

할 수 있다.

그러나 이 시기 특히 주목할 것은 광동을 중심으로 한 손문의 광동 정부가 북경을 점령하고 1,912년 중화민국을 세웠다는 것이다. 이는 중국 최초의 민주공화 정부로, 황제가 주인 되는 나라인 제국에서 국민이 주인 되는 나라인 민국으로 바뀐 것이지만, 그렇게 힘이 강하지 못해 원세개로 대표되는 봉건군벌들에게 혁명의 과실을 절취 당하기만 했다.

이후 북경대 학생들이 중심이 되어 일으킨 五四운동(1919), 군벌들을 토벌하기 위한 장개석 군대의 북벌전쟁(1926 - 1928)을 거치면서, 봉건 수구세력과 군벌세력들이 차츰차츰 완전 소멸되어 갔다. 또한 이후 장개석군과 모택동의 공산군 간의 제1차 국공내전(1927 - 1937), 항일전쟁(1937 - 1945), 제2차 국공내전(1945 - 1949)을 거치면서 일본군이 완전 패퇴했고, 또한 장개석군도 모택동군에 의해 패퇴해, 중국 천하를 종국에는 모택동의 공산군이 통일하게 되었다.

〈1,912년 신해혁명을 일으켜 중화민국을 세운 중국의 국부인 손문〉

12. 중국의 철학사상

1) 유가사상

(1) 공자

공자(기원전 551년 - 479년)는 성은 공(孔), 이름은 구(丘), 자는 중니(中尼)로서, 공부자(孔夫子(Confucius))라고도 했는데, 부자(夫子)란 자(子)에 대한 품위 있는 호칭이다. 공자는 주공(周公)의 후손이 다스렸던 춘추시대 노나라(지금의 산동성) 출신으로, 위대한 사상가이자 교육자였다. 공자가 살았던 춘추시대는 대변동기로서 노예제에서 봉건제로의 전환 기간이었다. 또한 이 때 주나라 왕실의 권위가 완전히 무너져 각 제후국들이 서로 다투는 약육강식의 시대였기도 했다. 또한 당시에는 각종 철학사상이 나타나고 무수한 학파가 탄생하였다.

공자는 대대로 제사에서의 절차를 돌보아주며 밥벌이를 하여온 유(儒)집안의 출신이었다. 공자는 평생 큰 벼슬을 하여보지 못했다가 말년에 노나라에서 조그마한 관직을 맡았으나, 반대파의 배척으로 국왕의 신임을 잃어 55세에 그 관직마저 버리고 노나라를 떠났다. 그는 실의한 심정으로 14년 동안 여러 나라를 전전하며 돌아다녔는데, 그 후 공자는 교육사업과 문헌정리 사업에 전심을 기울여 유가학설과 유가학파를 창립했다.

공자의 제자는 모두 3,000여 명으로 알려져 있으며, 그 중 수제자는 72명이다. 공자가 정리한 유가경전으로는 ≪서(書)≫·≪시(詩)≫·≪예(禮)≫ ·≪악(樂)≫·≪역(易)≫·≪춘추(春秋)≫로 이를 육경(六經)이라 부르는데, 모두 중국 상고사 연구의 중요한 문헌들이다. 공자의 사상은 ≪논어≫라는 책 속에 잘 정리되어 있는데, 이 책은 공자가 직접 지은 것이 아니고, 실은 공자 사후 공자의 제자들에 의해 살아 생전의 스승 공자의 언행을 기억하여 기록한 것이다. 이 ≪논어≫는 유가사상의 전범적인 저작으로 서양의 ≪성경≫ 4복음서와 같은 것이라 할 수 있다. 공자의 ≪논어≫는 사회 인생 교육 학습 등에 관한 심오한 철학성 대작일 뿐만 아니라, 시공을 초월하여 지금도 인간의 정신생활과 현실생활 영역에서 풍부한 교훈을 주고 있다. ≪논어≫라는 책에는 우리에게 교훈을 주는 수많은 경구 격언 좌우명 등이 실려 있다.

공자는 예로써 국가를 통치할 것을 강력히 주장했고, 바로 그 예는 공자사상의 핵심이라고 할 수 있다. 원래 예란 제사를 '엄숙하고 경건하며 성스럽게'만들기 위해 행해진 절차를 뜻하는 협의적인 의미였으나, 공자의 단계에 와서 그것은 모든 사회적 도덕규범과 윤리질서를 뜻하는 광의적인 의미로 사용되었다. 그래서 이 예는 당시 지배계급 사회에서의 올바른 인간적 사회적 질서를 의미하게 되었다.

공자는 인(仁)을 내세웠다. 그는 "자신이 크고자 하면 먼저 남을 크게 하고, 자신이 도달하고자 하면 먼저 남을 도달케 하라.(己慾立而立人, 己慾達而達人)" 및 "자기가 하기 싫은 일을 남에게 시키지 말라.(己所勿慾, 勿施於人)"를 제시했는데, 이것만 완벽하게 실천하면 당시 혼란한 사회에서 올바른 인간관계가 설 것이라고 했다. 또한 그는 "자기를 극복하고 예로 돌아가라.(克己復禮)"라고 했는데, 공자의 인과 예의 정신실체는 같은 것으로, 예는 외부적인 행동규범을, 인은 내부적인 도덕 자각을 뜻하는 것이었다. 또한 그는 중용을 내세웠는데, 중용이란 극단으로 치우치지 않고, 양자가 상호 보완 결합하여 조화를 이루는 것을 뜻한다.

그는 중국 최초로 사학을 창립하여 관학 위주의 폐습을 타파하였다. 공자는 정치적으로 보수적이었고 지배계급을 대변하는 사상을 만들어내었다고 할 수 있으며, 또한 그는 하은주(夏殷周) 3대와 요순 황금시대를 그리워하는 복고주의적인 경향이 강했다. 공자는 하나의 완전한 사상체계를 설립해서, 현실 인생 도덕 지식 교육 등을 중시하고 사회 정치 개인도덕 및 수양을 결합시켰는데, 그 기본정신은 '수신제가치국평천하(修身齊家治國平天下)'에서 보듯이, 현존하는 봉건 지배 사회제도를 보전 발전시키는 것이었다. 때문에 공자사상은 봉건 지배계급이 정권을 장악한 후 바로 중용되었을 뿐만 아니라, 그 후 2,000년 동안 봉건사회의 통치사상으로 군림하며 그들의 이익을 대변하여 왔다.

〈세계 4대 성인 중의 한 명인 공자
그는 유가사상을 창시했다.〉

(2) 맹자

맹자(기원전 372년 - 289년)의 이름은 가(軻)이며, 전국시대 노(魯)나라 추(鄒: 지금의 산동성 추현) 사람이다. 그는 공자와 같은 귀족 출신이지만,

공자와는 달리 다혈질이고 행동적이며 철저하게 귀족적이었다. 맹자도 자신의 정치적 주장을 실현하기 위해 제(齊), 송(宋), 노(魯), 등(滕), 위(魏)나라 등을 다니면서 유세했고, 일찍이 제나라에서 관직도 맡았었다. 그러나 그의 주장은 제후들의 신임을 얻지 못했기 때문에 정치적인 출세를 하지 못해, 나중에 고향인 추국(鄒國)에 돌아와서 제자들을 양성하고 저술하는데 만 힘썼다.

맹자는 공자의 인(仁)을 이어받아 인의(仁義)라는 정치적 개념을 만들어내어, 정치학설과 윤리학설의 기초를 형성하는 왕도철학을 제기했다. 맹자는 또 백성을 중시하는 위민(爲民) 민본주의를 주장했었다. 맹자의 성선설은 인정(仁政)사상의 이론 기초였다. 그는 인간은 본래 측은지심(惻隱之心), 수오지심(羞惡之心), 사양지심(辭讓之心), 시비지심(是非之心)의 4가지 본성을 지니고 있다 했다. 이는 인, 의, 예, 지의 4가지 도덕관이자 양심으로서 인간이 태어나면서 구비한 것이다. 맹자의 이런 성선설은 고대 중국 봉건시대의 정통 관념으로 자리 잡았다.

맹자가 저술한 ≪맹자≫라는 책은 ≪논어≫와 같은 유가의 경전 저작이며, 회고록 형식의 저작으로 맹자 자신에 의해 말년에 편찬되었거나 혹은 교정된 것으로 보인다. 이 책에는 맹자의 견해와 사상이 잘 기술되어 있다.

(3) 순자

순자(기원전 300 - 235년)는 이름이 황(況), 자는 경(卿)으로 손경(孫卿)이라고도 불렀으며, 전국 말기 조(趙)나라 사람이다. 그는 일찍이 제(齊)나라에서 연구와 강학에 종사하면서 제나라 지배계층의 중시를 받았으며, 후에 정치적 박해로 초나라 난릉(蘭陵)에서 만년을 보냈다.

순자는 공자사상을 충실히 계승하면서도 그의 예를 더욱 중시하여 이를 이론적으로 더 넓혔다. 순자는 이 예를 엄격한 법과 결부시켰는데, 순자의 사상은 유가적 예치사상에서 법가의 법치사상으로 전이되는 과도기적 사상이라고도 할 수 있다. 순자의 제자 중에 한비(韓非) 이사(李斯)같은 유명한 법가 사상가가 많았던 것으로도 이를 알 수 있다.

순자는 성악설을 주장했는데, 성선설을 위선적인 것이라고 여겼으며, 인성은 천성적으로 악하고, 인간이 선하게 되는 것은 후천적인 교화에 의해 이루어진 것이라 했다. 이에 예의로써 본성이 악한 것을 교정해야 사회의 안정과 발전을 꾀할 수 있다 했다. 또한 맹자의 성선설에 대해 순자는 제후들이 서로 전쟁하는 당시 상황 하에서 그의 인정설(仁政說)은 옳지 않다고 주장했다.

천명관에 있어서도 그는 이전 관점과 다르게 "사람이 자연을 지배할 수 있다."는 새로운 견해를 내어놓았다. 공자 맹자와는 달리 순자는 그의 철학사상을 ≪순자≫라는 책에 매우 조직적으로 서술하고 있다. 총 32편으로 수신(修身), 왕제(王制), 왕패(王霸), 신도(臣道), 치사(致仕), 의병(議兵), 예론(禮論), 악론(樂論)편 등에 순자의 사상이 잘 정돈되어 있다.

그의 사상은 공자 맹자보다 혼란스러운 전국시대 제후들에게 실은 더 많은 영향을 주었다. 그러나 후대 유학자들은 맹자를 공자 유학의 정통을 계승한 자로 여겨 아성(亞聖)이라고 호칭한 반면, 순자는 유가의 이단자라고 혹평했다. 그래서 정통 유학을 공자 맹자사상이란 의미에서 공맹사상이라고도 부른다.

(4) 한대(漢代) 경학(經學)

유가는 춘추 전국시대에 대단히 활발했지만, 그것은 단지 제자백가 중의 하나에 불과했으며, 유가사상이 지니는 보수성으로 인해 혼란스러운 당시 전쟁하는 와중에 부국강병을 추구하는 봉건 제후들에게 실은 크게 주목받지 못했다. 진이 천하를 통일한 후 법가를 중시해 엄격한 법과 형벌로써 새로운 봉건정권을 공고히 했으며, 아울러 분서갱유를 진행해 유생과 유학을 심히 탄압했다.

그러나 서한 중기부터는 통일된 중앙집권의 봉건국가가 이미 공고해졌는데, 한 무제는 이런 중앙집권적인 사상통치를 더욱 강화하기 위해 "백가(百家)를 배척하고, 오직 유학만을 존숭함(罷黜百家, 獨尊儒術)"을 결정하고 유가 사상만을 궁중의 학관(學官)에 받아들였다.

당시 동중서로 대표되는 유가학파는 통치자의 요구에 부응해 공맹 학설을 기반으로 하여 황제와 한나라의 권위를 드러내기 위해 여러 가지 신학적이고 미신적이며 신비적인 요소를 가미하여 '유술(儒術)'을 만들어 내었다. 한대 유술은 유가 경전을 해석하는 것을 특징으로 했기 때문에 경학(經學)이라고도 부른다. 동중서는 '대일통(大一統)'을 주장하여 한제국 건국의 정당성을 적극 홍보하였다. 그는 원시 유가의 천명관을 적극 계승 발전시켰고, 또한 여기에 신비주의 학설인 음양오행설을 흡수하고, 왕권신수설을 내세우기 위해 천인감응(天人感應)의 신학 이론을 주장하였다. 그는 천(天)은 자연계와 인간계의 최고의 주재자이고, 그 천의 아들인 천자가 바로 천의 은택을 받는 천하를 천의 명인 천명에 따라 다스려야 한다는 신학적인 천본주의(天本主義) 사상을 내세웠다. 절대자 천의 적자인 천자는 신성불가침적인 존재이며 그의 권력은 지고무상이었다.

또한 그는 공자의 '군군신신부부자자(君君臣臣父父子子)'의 도덕 원칙과 '양존음비(陽尊陰卑)'에 근거하여 '삼강오상(三綱五常)'의 학설을 창안했다. 이 삼강오상은 인간 사이의 도덕률로 자연스럽게 우러나오는 규범이 아니라, 반드시 지켜야하는 규범으로 그는 해석했다. 그의 이 경직화된 경학은 후한 말 황제의 권위가 무너지는 혼란기에 접어들어서는 신비적이고 미신적인 냄새가 많이 빠지고 소박한 학술사상인 유학으로 회복되기 시작했다.

(5) 송(宋) 명(明) 이학(理學)

송 명 이학은 유가 학설의 3번째 변화단계인데, 한대 경학인 훈고학에 대한 반발로 선종과 도가사상 및 ≪주역≫의 영향을 받아, 유가사상을 철학적이고 형이상학적으로 해석하는 것이다. 이 학문은 주로 성(性)을 이야기하고 리(理: 天理)를 이야기했기 때문에 성리학이라고도 하고, 주자에 의해 이 학문이 완성되었기 때문에 주자학이라고도 하며, 그 이전의 유학과 다르다는 점에서 신유학이라고도 부른다. 우리 조선의 유학은 바로 이 송학(성리학)을 이어받은 것이다.

이 이학의 대표적인 인물로는 정이(程頤) 주돈이와 주희 및 명대 왕양명 등을 들 수 있다. 주희는 정이의 '리(理)'의 관념을 직접 계승하여 공자 맹자 동중서 및 불학(佛學)의 장점까지도 흡수해서 도덕적으로 유가를 '천리(天理)'로 상승시켰는데, 그는 '천리'가 천지만물의 근본이고 법칙임을 확신하고 사람들에게 "천리를 배양하여 인욕(人慾)을 소멸시켜"도덕수양을 통해 성현에 이를 것을 주장했다. 이 주자학은 인격완성, 도덕함양, 정신수양 등을 아주 중시하여, 공부(工夫)의 주목적이 본래 여기에 있다고 주장했다. 주자는 세상에 '리(理)'와 '기(氣)'가 있어 이 둘이 결합하여 만물이 형성되는데, 이의 총체는 '태극(太極)'이고, '태극'의 리는 인간과 만물 중에 존재하고 있는데, '심강오륜'이 바로 태극의 리라고 주장했다. 또한 그는 심성론을 제기했고 격물(格物)과 치지(致知)를 중시했다.

그의 대표적인 저작으로는 ≪주자문집(朱子文集)≫ · ≪주자어류(朱子語類)≫ · ≪사서장구집주(四書章句集注)≫ 등이 있다. 그는 ≪대학(大學)≫ · ≪중용(中庸)≫ · ≪논어(論語)≫ · ≪맹자(孟子)≫를 정리해서 4서라 하고 이를 중시했는데, 이에 주자 이후부터는 유가인들이 5경보다는 4서를 더 중시하게 되었다.

송대의 정주리학(程朱理學)은 명대에도 계속 발전했는데, 명대의 대표적인 인물로는 王守仁(1472 - 1529)을 들 수 있다. 그는 호가 양명(陽明)이어서 그의 학설을 왕학(王學) 혹은 양명학이라고 한다. 그는 자발적인 양심인 심(心)을 중시하여 심학이라고도 했는데, 그의 심학은 도덕관념과 상관관계를 가질 뿐 자연규율과는 무관하였다. 그는 '지행합일(知行合一)'과 '치양지설(致良知說)'을 제기하여 지(知)와 행(行)을 병행할 것을 주장했다.

(6) 청대 고증학

송 명 이학이 청대 들어와 그 공허함으로 쇠락하고, 경세치용의 학문을 진정한 유학의 본질로 여기는 사람들이 나타나기 시작했다. 그 중 경학가 고염무(顧炎武)는 '經學이 바로 理學'이라고 주장하면서, 유학은 마땅히 '육경(六經)'을 연구해야 하는 것이라고 하며, 이는 현실을 중시해서 자신을 수양하고 타인을 다스리는 실학이어야 한다고 했다. 황종의(黃宗羲)는 유학 중 민주적인 핵심을 발전시키고 예전의 군주론을 비판했다. 또한 왕부지(王夫之)는 '도기설(道器說)'을 제기하여 송 명 이학의 "천리를 보존하고, 사람의 욕망을 소멸함"의 구호에 대하여 리(理)는 욕(慾)과 떨어질 수 없으며 욕망을 조절하는 준칙이므로 욕망을 제거하면 리(理)도 존재하지 않는다고 인식했다.

이처럼 청대 유학은 더욱 현실세계를 중시하고 아울러 근대 민주사상의 싹이 움트기 시작하는 등 상당한 변화가 발생했다. 또한 청 말로 갈수록 실질적인 것을 중시하여 유가경전을 고증하는 과학적인 학문 풍토로 흘렀다. 그래서 서지학, 금석학, 훈고학 등등의 과학적으로 고증하는 학문이 많이 발달하였다.

2) 도가 도교사상

도가사상은 노자가 창시했으며, 후에 장자 등에 의해 계승 발전되었다. 한 무제 때부터 '독존유술(獨尊儒術)' 정책을 시행함에 따라 춘추전국시대의 여러 철학 사상들이 소멸되어 갔지만, 오직 이 도가사상만은 민중들에게 지속적으로 영향을 주며 유가사상과 함께 중국에서 번성하였다. 권력지향적인 지배계급에게는 유가사상이 더 많은 영향을 주었을지 몰라도, 실은 그 외 대부분의 중국인들에게 유가사상보다는 이 도가사상이 더 영향을 주었다고 할 수 있다. 특히 이 도가사상은 농경문화의 특징을 많이 대변하는 사상으로, 벼슬자리에서 물러나 고향이나 산수에 은거한 사람들에게, 그리고 정치적으로 실의한 사람들에게 많은 영향을 주었었다.

(1) 노자

노자의 일생에 대해서는 잘 알려져 있지 않지만, ≪사기≫의 기록에 의하면 성은 이(李), 이름은 이(耳), 자는 담(聃)으로 초나라 고현(苦縣: 지금의 하남성 鹿邑縣) 사람으로, 공자와 동시대 사람이지만 공자보다 나이가 훨씬 많았던 것으로 알려져 있다. 노자는 원래 주나라 궁정의 하층 관리를 역임했었지만, 후에 주나라 왕조가 부패하자 미련 없이 그 궁궐을 떠났다고 한다.

그의 사상은 후인들이 편찬한 ≪노자(道德經이라고도 함)≫라는 책에 잘 나타나 있는데, 5,000여자 정도 밖에 되지 않은 작은 책이긴 하지만, 모두 심오한 내용이 있는 듯한 언어로 이루어져 있다. 어떤 면에서 보면 ≪노자≫라는 책 속에 담겨있는 의미가 모호하고 모순적이며 또한 내용이 은밀하고 불가사이하며 역설적인 것처럼 보인다. 이 저서는 영어권 나라에서 ≪성경≫ 다음으로 많이 번역되어 있는 책이라고 한다.

노자의 학파를 도가라고도 부르는 것은 그들은 항상 도를 중시하며 그것을 제창하였기 때문이다. 세계의 모든 만물이 모두 이 도로부터 생성되었기 때문에 도를 반드시 따라야한다고 주장했는데, 이 도는 노자 사상체계의 핵심이자 근본이다. 또한 그는 천지만물 그 모든 것에 절대적인 것은 없으며 모두가 상대적이라고 파악했다. 모든 것은 상호 대립되고 서로 전환된다는 인식을 가져 변화와 생성을 중시했다. 또한 그의 사상에는 여성적이고 농경문화적인 면이 많이 드러나 있으며 또한 그것을 찬미하고 있다. 유약한 것이 강한 것을 이기며, 무(無)가 유(有)를 이긴다는 것 등이 그것이다. 그는 무위자연을 주장하며 인위적인 모든 것을 배격했는데, 자연과 더불어 소국과민(小國寡民) 상태에서 소박하게 사는 것을 가장 이상적인 삶으로 여겼다.

〈소 등을 타고 있는 노자의 모습 . 그는 무위자연을 주장했다〉

(2) 장자

장자의 이름은 장주(莊周: BC 369 - 286)이고, 전국시대 송나라 몽지(蒙地: 현 산동성 曹縣)인으로 맹자와 동시대인인 것으로 알려졌다. 장자는 일찍이 지방의 작은 관리를 역임했으나 일생동안 빈곤하게 살았다고 한다. 장자사상은 풍자적이고 우화적이며 상상력이 풍부한 ≪장자≫라는 책에 잘 집약되어 있다. 그는 노자사상을 더욱 발전시킨 인물로, 도가사상사에 있어서 노자 못지않게 중요하다.

그의 처세철학은 자연의 순리에 따르고 운명에 순응하며 현실을 도피해서 조용히 무위를 실행하는 것이다. 그는 속세를 초월하여 현실 바깥에서 소요(逍遙)하고자 하였다. 이같이 현실 삶에서 애써 출세하는 것을 기피하는 도가사상은 역경에 처해있거나 실의에 빠진 사람들에게 쉽게 받아들여져 그들의 정신적 피난처가 되었고, 실제로 사회가 혼란하거나 정치적 암흑기 등 천하가 태평치 못한 시기에는 노장사상이 매우 유행했다. 그의 철학은 '초월(超越)'과 그 아무 것에도 억매이지 않은 '유(遊)' 사상을 특징으로 하고 있다.

(3) 도가 도교의 발전과정

초기 도가학파의 추종자들은 대개 남방의 초 지역 출신이었다. 도가학파는 춘추시기 노자에 의해 창시되어 전국시대에는 제자백가의 하나로 형성되었다. 그러나 진의 법가통치에 밀려 한때 주춤했으나, 한나라 초기에 와서 민간 무속신앙과 결합하여 현세에서 영생불사 혹은 불로장생을 추구하는 황노사상으로 변하여 다시 크게 일어났다.

또한 이 도가사상은 후한 말에 와서 영생을 추구하고 내세관을 가지는 종교로 변화했는데, 그것이 바로 중국의 토착적인 종교인 도교라고 할 수 있다. 분열의 시기인 위진남북조 시대가 되면, 후한 말에 유입된 불교와 더불어 현실도피적인 도교, 도가사상, 현학(玄學) 및 신선사상 등도 크게 성행하기 시작한다. 이 이후에도 도가 신선 도교사상은 유가 및 불교와 더불어 중국의 3대사상을 이루며 중국인들의 정신세계에 줄기차게 영향을 주어왔다.

도교는 중국에서 발생한 고유 종교로 다신교의 특징을 지니며, 황제(黃帝)와 노자를 숭배하고 무위자연을 주장하는 노장철학을 받아들여 노자 ≪도덕경≫을 기본 경전으로 삼고 있다. 신앙의 핵심은 도이며 누구나 일정한 수련방식을 통해 도를 얻으면 영생 불사하는 신선이 될 수 있다고 믿었다. 도교의 연원은 도가사상 뿐만 아니라, 그 외 전국 말의 신선방술, 무속 민간신앙, 황노사상, 참위학(讖緯學) 등을 흡수했다.

도교의 창시자는 후한 말 장도릉(張道陵)이며, 가입하려는 자는 반드시 쌀 다섯 되를 내어야 했으므로 이를 오두미교(五斗米敎)라고도 불렀다. 후에 중국에서 유 불 도는 장기적으로 상호 융합과 대립의 과정을 겪어왔었다. 도교는 위로는 제왕들이 국태민안을 위하여 지내는 의식과 영생불사 불로장생을 추구하는 술로부터, 아래로는 백성들의 권학서(勸學書)와 공과격((功過格) 등에서 보여 지는 도덕적 설교 및 불도간의 각종 민간 비밀종교와도 연관이 있었다. 도교는 다신교적 특징이 강하고 주술적인 요소가 많아 무속적인 탈을 덜 벗은 저급한 민간종교였다고 할 수 있다.

도교는 그 수행방식에 따라 단정파(丹鼎派)와 부록파(符籙派)로 나눌 수 있다. 첫째, 단정파는 영생불사 불노장생을 추구하는 것을 주목적으로 하며, 주요 인물로는 위백양(魏伯陽)과 갈홍(葛洪) 등을 들 수 있다. 수행방법에 따라 외단(外丹)과 내단(內丹)으로 나눌 수 있는데, 외단은 연금술을 통하여 만든 불사(不死)의 단약을 복용함으로써 몸을 가볍게 해 영생불사 불로장생하는 신선이 되고자 하는 것이고, 내단은 특수한 호흡법을 통해 몸 안에 단을 축적하여 몸과 마음을 정결히 해서 영생불사 불로장생을 추구하는 것이다. 진대부터 당대까지에는 외단이 성행했다고 한다면, 송대 이후부터 몸 안에 단을 축적하는 내단이 성행했었다. 특히 위정자와 지식인 그룹에서는 심신수련 인격도야의 한 방편으로 지금의 단전호흡과 비슷한 내단을 많이 추구했었다.

둘째, 부록파는 주술과 부적 등의 미신적인 방법으로 백성들의 질병을 치료하고 재앙과 악을 물리치며, 복을 부르고 귀신을 부르는 등을 하는 것으로, 주요 인물로는 도홍경(陶弘景)과 구겸지(寇謙之) 등을 들 수 있다. 이 도교는 다른 고등종교처럼 인간들에게 적덕선행(積德善行)과 미풍양속을 주장했으며, 자신을 속되지 않고 정결하게 만들기 위해 수많은 금기 사항과 계율도 가지고 있었다. 또한 자신을 정결하고 성스럽게 만들기 위한 심신수련을 많이 중시해서 공과격(功過格) 같은 것을 만들었는데, 원자범(袁子凡) 증국번(曾國藩)과 같은 중국의 지식인들은 일상생활에서도 정신수양의 일종으로 이 같은 도교 수련을 택해 행했다.

3) 법가사상

법가사상은 중국 전통 철학사상 중의 하나로 전국시대에 형성되었다. 한비자(韓非子)로 존칭되는 한비(韓非: 기원전 280년 - 233년)는 원래 전국 말기 한(韓)나라의 공자였고 순자의 제자였다. 순자와 전기 법가사상의 영향을 받은 한비자는 자신의 법가이론과 사상을 정리한 ≪한비자≫를 저술했다. 후에 한비자는 자신의 이 저술을 검토한 진시황에 의해 호평을 받고서 진나라에 영입되어져 진나라가 천하를 통일하는데 지대한 영향을 주었으며, 또한 아울러 그 자신의 법가학설을 당시 유가 및 도가사상과 동등한 반열로 그 위상을 격상시켰다.

그는 천명에 반대하는 순자 사상의 기초 위에 노자의 변증법적인 요인을 비판적으로 수용해서, 천명과 귀신을 부정하고 인간의 능력을 숭상하며 사물의 객관적인 규율에 의해 일을 처리할 것을 주장했다. 한비자는 국가의 흥망과 국력의 강약은 천명이나 귀신과는 무관하다고 하며 숙명론 혹은 운명론을 부정했다.

또한 그는 신불해(申不害) 신도(愼到) 상앙(商鞅) 등의 전기 법가사상을 총결 짓는 과정에서, 법치를 중심으로 삼고 법과 술과 세를 상호 결합시키는 관점을 제기했다. 한비자는 중앙집권을 유지하기 위해서는 군주에게 객관적인 실증법이 필요할 뿐 아니라 또한 술(術)도 필요하다고 여겼는데, 법은 군주가 관료들을 통제하는 수단으로 공개적인 것이지만, 술은 은밀한 것으로 군주는 반드시 술이 있어야만 권력을 독점할 수 있다고 했다.

법가의 법은 결코 신성하거나 자연적인 법이 아니며, 사람들이 인공적으로 만든 모든 실증법을 포함하는 제도를 뜻한다. 법은 명확히 공포되어야 하고 충분한 세목으로 모든 사건에 적용되어야 하며, 또한 신속히 그리고 확고하게 시행되어야 한다고 주장했다. 그는 법을 어긴 자에 대한 엄격한 형벌도 아울러 주장했다.

4) 묵가사상

묵가의 대표적인 인물인 묵자(墨子: 기원전 480년 - 420년)는 성은 묵(墨)이요, 이름은 적(翟)으로 전국시대 송나라 사람이다. 묵자는 일찍이 공자의 문하에서 유가학설을 배웠으나, 공자의 제자들이 공자 정신에서 이탈하여 단순히 의례 형식에 대한 전문가 및 장례 절차를 돌보아주는 사람 등으로 변하여 편안하게 안주함을 보고 환멸을 느껴, 자신의 철학과 교육체계를 다시 발전시켜 묵가학파를 창립했는데, 그의 사상은 ≪묵자≫라는 책 속에 잘 나타나 있다.

묵자는 그의 저서에서 정치 윤리 철학사상에 대한 10가지 개념, 즉 겸애(兼愛), 비공(非攻), 상현(尙賢), 상동(尙同), 천지(天志), 명귀(明鬼), 비악(非樂), 비명(非命), 절용(節用), 절장(節葬) 등에 대하여 언급하였다. 겸애는 묵자학설의 핵심 개념으로 타인과 자신을 동등하게 여기는 것을 말한다. 묵자의 이 겸애는 유가의 '애인(愛人)'과는 많이 다른데, 유가에서 주장하는 '애(愛)'란 계급적이고 차별적인 것이지만, 묵가의 겸애는 모든 사람들을 평등하게 두루 사랑한다는 의미이다. 불교의 자비, 기독교의 사랑과도 비슷한 개념이라 할 수 있다.

그는 운명이 따로 정해진 것이 아니라고 주장했으며 또한 모든 사람들이 평등하다고 주장했는데, 그의 이런 평등주의 학설은 중국의 봉건사회에서 지배계급의 입맛에 맞지 않아 진 한 이후에는 거의 소멸되었다. 묵적은 원래 당시 유랑민 집단 혹은 죄인 집단의 우두머리로 알려져 있는데, 그의 독특한 학설은 당시 소외받은 서민층의 입장을 잘 대변하고 있다고 할 수 있다.

5) 불교

불교는 기원전 5, 6세기경에 인도의 석가모니에 의해 창시된 종교로, 불이란 '깨닫는 자(覺者)'라는 뜻이다. 이 종교는 인연설과 윤회전생설 같은 연기법을 철학적 기초로 삼고, 현실 삶인 사바의 세계를 고해로 간주하여 이런 속된 삶의 굴레를 벗어나 해탈하여 열반(Nirvana)의 세계에 들어가는 것을 종교의 궁극적 목표로 삼고 있다.

불교는 중국으로 전파되는 경로에 따라 그 성질이 각각 다르다. 남쪽으로 전파된 것을 소승불교라고 하고, 북쪽으로 전파된 것을 대승불교라 하는데 이 대승불교도 한어계통 불교와 티벳 계통 불교로 구분된다. 주로 동남아 지역과 중국 남방 지역에 전파된 소승불교는 자기 자신만의 해탈을 목표로 삼고 있지만, 중국 한국 일본으로 주로 전파된 대승불교는 자신의 해탈뿐만 아니라 뭇 중생들을 함께 구제하는 것을 궁극적 목표로 삼고 있다.

불교는 후한 말 이전에도 중국에 전파된 흔적이 약간 남아있으나, 그러나 그 때에는 이 지상에서 영생불사할 수 있다는 황노문화에 의해 '거부'되어져 본격적으로 중국에 유입되어지지 않는다. 그러다가 후한 말 이 지상에서 영생불사 불로장생할 수 있다는 인간들의 믿음이 깨어진 이후, 죽은 후 즉 내세에서 영생불사를 추구하는 진정한 의미에서의 종교인 불교가 본격적으로 중국으로 유입되기 시작하는 것이다.

인도에서 발생한 불교는 지리적인 입장에서만 볼 때 지금의 아라비아반도 쪽으로 전파되기 훨씬 쉬었다. 그러나 역사적으로 살펴볼 때 그 지역으로 전파된 흔적은 없고, 불교는 그 높은 히말라야 산맥을 넘어 티벳 고원과 고비사막을 지나 중국으로 전파되었다. 이런 지리적 어려움에도 불구하고 불교가 중국으로 전파된 것은, 윤회사상을 골간으로 하는 이 불교가 24절기를 주기로 수천 년 동안 주기적 삶을 살아온 정통 농경민족 중국인들의 기본적인 심성에 잘 맞았기 때문이라고 보여 진다. 반대로 아라비아 반도 쪽으로 전파된 흔적이 없는 것은 윤회사상을 골간으로 하는 이 불교가 말과 양을 몰고 풀을 찾아 떠돌아다니는(去) 유목민족의 심성과 잘 부합되지 않았기 때문이 아닌가 한다.

후한 말 유입되기 시작한 불교는 그 후 삼국시기에 와서는 통치자 계층에서 유행하다가 점차 민간으로 파급되어 갔다. 그 후 위진남북조 분열의 시기를 맞아 현실도피의 일종으로 도가 도교와 더불어 이 불교도 중국인들 사이에서 급속히 확산되어 갔다. 원래 종교는 현실 삶에 불안을 느끼는 혼란스러운 시기에 민중들에게 급속히 전파되는 특징을 가지고 있다. 이 시기에 인도의 불경과 계율들이 본격 번역되기 시작했으며, 또한 이 계율과 불경 내용에 바탕을 둔 스님 집단과 사찰이 등장했다. 이때의 사찰은 대부분 도시 내에 있어 이후 청정한 산 속에 있는 산림사찰과는 많이 대비가 된다. 그들은 종교적 신심에 기초하여 동굴에 은거하며 불경을 외우고 수도하면서 많은 불화를 그리고 불상을 조각하여 후세에 남겨주었다.

이때에 황하강 유역의 북쪽에서는 종교적 수행과 사찰 건립 불상의 공덕을 중시해, 후세에 운강, 용문, 돈황석굴 같은 예술적 조형물을 남겼고, 양자강 유역의 남쪽은 교리 연구에 치중해 다수의 지식인들이 이 불교 전파에 동참하는 등 중국의 불교철학을 새롭게 발전시켰었다.

그러나 후진 북위 때부터 통치자들은 불교와 승려에 대한 통제를 강화하기 위해 승관(僧官)제도를 만들었고 어떤 경우에는 폐불 정책을 실시했다. 사원 경제의 발달로 말미암아 국방병력의 보충 및 세금 징수에 막대한 악영향을 주어, 이에 정부에서는 불교와 사원에 대한 통제와 대규모 탄압을 진행했던 것이다. 그러나 남조의 대다수 통치자들은 불교에 심취했는데, 양무제(梁武帝)는 수륙법회(水陸法會)를 창립했고 승려로 하여금 육식을 금하게 하는 등 지금의 불교 골격 형성에 중요한 역할을 했었다.

수 당대는 불교가 가장 융성한 시기였다. 위진남북조의 분열을 통일한 수 당대에는 남북불교가 하나로 융합되는 시기였다. 현장법사 같은 구법승들에 의해 대규모 불경 번역이 이루어져 그 수준과 규모도 앞 시대의 것을 많이 초월하여, 대장경 목록이 계속 출판되어 북송 이후에는 대장경 조판의 전범이 되었었다. 통치자와 원로 승려들과의 관계도 밀접해져 불교 각 파의 원로 스님들은 국사(國師)로서 통치자들의 융숭한 대접을 받으며 국사에 자문하는 역할을 담당하였다. 이에 따라 불교는 국가와 사회에 대한 봉사의 기능을 더욱 강화해 각 지방에 관사(官寺)를 설치해 통치자들의 생일과 기일에 분향과 예불을 하여 주었다. 이 시기에 민간에도 깊숙이 전파되어 불교설화를 이야기한 속강(俗講) 변문(變文) 등 통속 민중문학 형성에 크게 영향을 주었고, 또한 건축 조각 회화 음악 방면에도 지대한 영향을 주었었다. 이때 여러 종파가 있었는데 범위도 크고 후대에 많은 영향을 준 종파로는 천태종과 화엄종 및 선종 등을 들 수 있다.

송 대 이후 유가의 득세로 말미암아 관치불교는 점차 쇠퇴했으나, 그러나 중국불교는 이미 민간에 깊숙이 침투하고 있어서, 중국의 전통사상과 민간풍습과는 이미 동화되었다. 명대에는 군주들이 불교에 대한 통제를 한층 강화 사원과 승려의 등급을 정하여 종교 활동을 규제했으며, 원 청 양 대에는 통치자들이 정치적 고려에 의해 티벳 지역에서의 불교는 장려했지만 그 나머지 지역에서의 불교는 계속 탄압했다. 불교는 세계의 모든 고등종교 중 가장 많은 경전을 보유하고 있는데, 근년에 편찬한 ≪중화대장경≫에는 23,000권이 수록되어 있을 정도이다.

티벳불교 즉 라마교는 7세기에 한족지역 및 네팔 등을 통해서 티벳 지역으로 전래되었다. 그러나 처음에는 이 불교가 티벳의 토착 무속종교와 대립 심한 갈등을 겪었는데, 나중에 그 토착 무속종교의 교의, 의식 및 신지(神祇)를 부분적으로 흡수해, 티벳 지역의 지역적 성격이 농후한 라마불교로 변했다. 이 라마불교는 여러 교파로 나뉘어 있었으나, 13세기 원나라 세조가 살가파(薩迦派)의 오조팔사파(五祖八思巴)를 대보법왕(大寶法王) 겸 티벳왕을 봉하면서 티벳 지역은 정교합일의 불교문화를 이룩하였다. 티벳 지역에서 토착화된 이 티벳불교에는 지금까지도 무속적이고 신비적이며 주술적이고 밀교적(密敎的)인 냄새가 많이 풍긴다.

중국의 남쪽지방인 운남성의 소수민족들에게 주로 전파된 소승불교는 파리어계(巴利語系)이다. 7세기 중엽 미얀마로부터 운남성 산악지역으로 주로 전파되었는데, 그러나 중국 불교의 주류를 이루는 불교는 북쪽의 대승불교이지 남쪽의 이 소승불교는 아니라고 할 수 있다.

13. 중국 농사꾼의 철학

중국은 전통적인 농경문화 지역이다. 수천 년 전부터 끊임없이 농사를 지어 왔으며 그것을 바탕으로 삶을 영위해 왔다. 중국은 전 세계에서 가장 대표적인 농경문화 지역인 것이다. 옛날에는 인구의 절대 다수가 농업에 종사했었다. 지금도 중국 인구 중 절반 이상이 농촌 인구인 것으로 알려져 있다.

농업국은 토지가 부의 원천이어서 땅에 대한 애착이 유목문화나 해상무역 문화 지역 사람들보다 월등하게 강하다. 중국인들은 옛날부터 '농자천하지대본야(農者天下之大本也)'라 하여 농업을 하나의 성직으로까지 여겼었다.

중국 전통사회에서 신분계급도 크게 사(士) 농(農) 공(工) 상(商)의 4가지로 나뉘었는데, 사는 독서를 통해 관직에 오르는 지배계급으로 대체로 토지의 소유주이고, 농은 사계급으로부터 토지를 빌려 경작하는 소작농이거나 혹은 소규모 자영 토지 소유자였다. 중국에서 사계급과 농계급은 명예로운 직업이고, 공계급과 상계급은 천시 받았다. 중국에서 과학기술과 자본주의가 일찍 발달하지 못하고 근대화가 서구에 뒤쳐진 이유에는 공과 상을 무시하고 천시하며 농만을 중시한 민족이었다는데 그 이유가 존재한다고 보여 진다. 공은 지배계급에서도 중인이 맡았고 일반에서는 천민들이 담당했으며, 상은 장사치 장사꾼이라고 부르며 항상 천시하여 온 것이다.

중국의 위정자들은 무엇보다 농사를 중시하였다. 가뭄이 나거나 홍수가 나서 흉년이 들면 그것을 위정자가 덕이 없었기 때문이라고 여겼고, 심지어는 그 일로 해서 위정자의 자리에서 내쫓기거나 혹 옛날에는 살해당하기도 했었다. 황하유역을 통치하는 위정자들의 최대 임무는 황하를 다스리는 치수작업이기도 했다.

또한 위정자들은 모내기나 추수 때가 되면 일반 농민들과 함께 모내거나 추수하는 상징적인 의식에 참가하기도 했고, 위정자의 부인들은 일반 아녀자들과 함께 길쌈이나 뽕잎 따는 상징적인 의식에 참가하기도 했다. 또한 위정자가 직접 농사짓는 토지를 소유하여 상징적으로 농사를 짓기도 했다. 이 모든 것은 중국인들이 농사를 그 얼마나 중시하였는가를 알 수 있게 해준다.

수천 년 동안 그 할아버지의 할아버지 또 그 할아버지의 할아버지 대부터 끊임없이 농사를 지어온 중국인들은 은연중에 농사꾼의 철학과 인생관 그리고 세계관을 가지게 되었을 것이다. 그리고 이런 농사꾼의 철학과 인생관 세계관은 중국 문화 전반 즉 철학, 사상, 문학, 음악, 미술 등등 모든 분야에서 은연중에 영향을 주어 나타나게 된다. 중국의 철학사상이란 근본적으로 농사꾼의 철학이 형상화된 것이라고 할 수 있다. 고로 농사꾼의 철학을 잘 이해하면 중국인의 철학사상과 의식체계 사고방식을 더욱 깊게 이해할 수가 있을 것이다. 이 농사꾼의 사고방식은 유목문화나 해양 상업문화와는 다르게 그 나름대로의 독특한 특징을 가지고 있다.

1) 자연에의 순응 조화 찬미

농사를 짓는데 절대적인 영향을 미치는 것은 비와 햇볕이다. 그런데 이 비와 햇볕은 인간의 힘으로 조절할 수 있는 것이 아니다. 인간이 어떻게 할 방법이 없다. 오직 하늘의 뜻을 기다리며 '인내심'을 가지고 '순응'할 뿐이다.

유목문화지역 사람들은 풀이 많이 나는 곳을 예측하여 자신의 의지대로 양이나 소를 몰고 간다. 혹은 남의 지역을 침입해 약탈해오기도 한다. 이 문화지역 사람들은 그냥 자연의 뜻에 순응하며 살아가지는 않는다. 풀이 많은 지역을 예측하고 또한 약탈할 방법을 자신의 뜻에 따라 계획도 세운다.

그러나 농사를 천직으로 하여 살아온 농경문화 지역 사람들은 농사를 잘 짓기 위해서는 적당한 비와 햇볕이 내리고 쬐어주기를 기다리고 인내할 수밖에 없다. 농경문화 지역 사람들은 다른 지역 사람들보다 월등히 인내력이 강하고 또한 기다림의 미학을 가지고 있다. 중국인의 인내력은 타의 추종을 불허하는데, 이것은 그들 나라가 대륙국인 것과 함께 그들이 전통적인 농경문화 민족이었던 점과도 관련이 있을 것이다. 또한 농촌사람들이 도시사람들보다 참고 인내하며 기다리는 능력이 월등히 뛰어나다. 농사를 짓는 데는 자신의 의지에 의해 되는 것이 아니라 하늘의 뜻을 기다리며 인내할 수밖에 없었기 때문에, 이런 삶을 수천 년 동안 살아온 농사꾼들은 은연중에 인내하고 기다리는 능력이 강해진 것이다. 비가 와야 할 때 비가 와주기를, 또 햇볕이 쬐어야할 때 쬐어주기를 기다리는 수밖에 없는 삶을 수천 년 동안 살아온 것이다.

또한 중국문학에는 기다림을 주제로 한 작품이 굉장히 많다. 님이 찾아오기를 기다리고, 친구가 찾아오기를 기다리며, 그리고 임금이 자기를 찾아주기를 기다리고, 또한 고향으로 돌아갈 수 있기를 기다리며 그것을 읊은 한시는 부지기수이다. 규방시(閨房詩), 행역시(行役詩), 사향시(思鄕詩), 사우시(思友詩) 등등으로 불리는 시들이 모두 '그리움(思)' 그리고 '기다림'을 주 주제로 한 시들이다. 님이 오기를 기다리며 기다리다 기다리다 기다림에 지쳐 고갯마루에서 망부석이 되었다는 전설도 전해온다. 서구시에도 기다림을 읊조린 시가 전혀 없는 것은 아니나, 서구시에는 떠나 가버린 님을 적극적으로 찾아나서는 시들도 굉장히 많다.

비와 햇볕은 인간의 힘으로 조절할 수 있는 것이 아니니, 단지 그것에 대처할 준비를 해놓고 자연을 믿고 순응할 뿐이다. 인간의 힘으로 어쩔 수 없는 이 자연은 투쟁하여 극복할 대상이 아닌 것이다. 인간은 단지 자연에 대한 무한한 '신임'과 '인내'로써 자연을 믿고 의지하며 '기다릴'뿐이다.

그래서 농경민족들은 비와 햇볕의 부적절함으로 홍수나 가뭄이 드는 것을 자신이 하늘에 무언가 잘못한 것이 있기 때문이라고 믿는다. 자신이 덕이 있으면 올바른 계절적 순환으로 인해 풍년이 들지만, 자신이 하늘에 무언가 잘못한 것이 있으면 부적절한 계절적 순환으로 농사를 망치게 되는 것이라 여기는 것이다. 인간은 자연의 일부로 자연의 법칙에 순응하여야만 올바른 계절적 순환으로 농사를 잘 짓게 된다고 생각하는 것이다.

그런 까닭에 농경문화의 가장 근저가 되는 것은, 인간과 자연이 서로 대립하고 투쟁하는 것이 아니라 서로 영향을 주고받는 유기체로 여겨, 자기 이외의 것에 대해서도 친밀감을 느껴 인간들은 자연의 법칙과 변화에 순응하며 살아가야 한다고 믿는다. '자연을 거스르는 자는 망하고 자연에 순응하는 자는 흥한다.(逆天者亡, 順天者興)'고 생각한다.

하늘(자연)과 인간이 조화롭게 서로 영향을 주고받는 것을 철학적으로 천인상관(天人相關)사상 혹은 천인상응(天人相應)사상이라 한다. 이 사상은 고대 중국철학의 근저를 이루는 사상인데, 자연의 섭리에 항거하지 않고 순응하여 삶을 영위해 나가며 자연과 '더불어 하나'되어 살아가고자 하는데, 이를 '물아일체(物我一體)'라고 하고 '순(順)'한다고 하며 '화(和)'한다고 한다. 농경문화 지역사람들은 천지 자연 만물의 순환에 순응하고, 또한 그것들과 조화롭게 살아가려고 노력했던 것이다. 자연의 법칙을 거스르거나 혹 자신의 의지로 무엇을 하려고 하지 않는다. 자연과 무난하게 부딪힘 없이 조화롭게 살아가려고 노력하였다.

또한 자연을 아주 중시하였는데, 중국인들처럼 자연을 많이 읊조린 사람도 전 세계에 없다. 한시의 주 주제가 자연 전원 산수를 읊은 것이다. 서구시들의 주 주제가 청춘남녀간의 사랑의 감정을 읊은 연애시 부류인과도 대비가 되는데, 중국의 옛 시인치고 자연을 소재로 시를 읊지 않은 시인은 단 한 명도 없다고 할 수 있다. 자연 속에서 자연과 '더불어 하나'되어 그것을 읊조리고 노래하여 그 속에 자신의 감정을 기탁한 자연시, 산수시, 전원시를 부지기수로 지은 것이다.

전문적으로 자연을 읊조린 이런 자연시, 전원시, 산수시 부류가 아닌 시들도 대부분 기 승에서 자연의 경물을 먼저 읊고 나서, 전 결에서 그것에 기탁해 자신의 감정을 읊는다. 님을 그리워하는 시도 먼저 기 승에서는 자연의 경물을 읊고 전 결에 가서 그 자연의 경물에 기탁

하여 님을 그리워하는 자신의 애달픈 감정을 읊은 것이니, 도대체 한 시 중에 자연을 소재로 하여 읊조리지 않은 시는 별로 없다고 할 수 있다.

중국의 동양화는 초상화를 제외하고는 대부분 자연을 소재로 하여 그린 산수화이다. 서양의 그림에 인물화나 추상화 등등이 있는 것과는 대비가 되는데, 그들은 기암계곡과 전원풍경을 주로 그렸다. 그 속에 그려진 인물들도 자연의 일부로 그려져 있지, 인물이 중심이고 자연이 배경이 된 산수화는 없다고 할 수 있다. 자연이 중심이지 결코 인간이 중심이 아닌 것이다. 그들은 자연 그것과 조화롭게 하나 되어 살기를 갈망했던 것이다.

2) 보수적 사고

농경인들은 한 곳에서 그 할아버지의 할아버지 또 그 할아버지의 할아버지 대부터 수천 년 동안 움직이지 않고 붙박여서 생활하여 왔다. 유목인들은 풀이 많은 곳으로 이동하고 또한 다른 곳으로 약탈하러 가기도 하여 유랑하는 민족들이다. 고로 농경인들은 유목인들보다 이동과 변화를 싫어하고 지금의 상태가 그대로 영속되기를 바란다. 변화나 진보보다는 보수적인 사고방식을 가지게 되는 것이다.

그러나 유목인들은 개척적이고 진취적인 성향을 갖게 된다. 유목과 상업은 생활 내부의 경제적 부족으로 말미암아 나타난 문화유형들인데, 그래서 그들은 생활필수품을 외부에서 구해야 함으로 자연히 그들은 이동이 많아 그들의 성격이 유동적이고 진취적이게 된 것이다.

그러나 농경은 안에서 자급자족할 수 있으므로 밖으로 생활필수품을 구하러 나갈 필요가 없어, 자연히 일정한 생활공간 안에서 지속적으로 생활함으로 그들은 안정적이고 보수적인 성향을 가지게 되는 것이다. 변화가 많은 삶을 사는 도시사람들보다 생활에 거의 변화가 없는 농촌사람들이 보수적이다.

3) 중용

농사를 짓는 데는 적당한 비와 적당한 햇볕이 아주 중요하다. 그 절기에 맞게 비와 햇볕이 적당해야 하는데, 그 절기에 맞지 않게 비가 너무 많이 오면 홍수가 나고 그렇다고 비가 너무 적게 오면 곡식이 자라지 않는다. 또한 햇볕이 너무 많이 쬐면 곡식이 타 들어가고 너무 적게 쬐면 곡식이 여물지 않는다. 항상 그 절기에 맞게 적당한 것이 가장 좋다. 이런 농경인의 삶을 수천 년 동안 살아온 중국인들은 은연중에 모자란 것도 나쁘지만 넘치는 것도 결코 좋은 것이 아니라는 중용적인 사고방식을 가지게 된다. 이런 중용적인 사상은 중국철학의 근간을 이루는 핵심이라고 여겨지는데, 중국인들은 모자라는 것(不及)도 좋지 않지만 넘치는 것(過)도 결코 좋지 않다고 생각한다. 그러나 풀이 많은 곳을 항상 찾아 헤매 다니는 유목인들은 풀이 많으면 많을수록 좋다고 생각한다. 이른바 다다익선이라고 생각하는 것이다.

농경문화에서 중요한 자연적 조건은 비와 햇볕인데, 이것들이 적당하면 풍년이 든다. 햇볕은 그 계절에 맞게 쬐어야 할 때 쬐고 쬐지 말아야 할 때 쬐지 말아야 하며, 비도 내려야할 때 내리고 내리지 말아야할 때 내리지 말아야 하는 것이다. 농사를 잘 지으려면 이것들이 "적당해야"한다. 수천 년 동안 대대로 농사를 지으며 살아온 농경민족들은 그러므로 인해 모든 것은 적당해야 한다고 생각한다. 중국 철학적 용어로 말하자면, 중용을 지켜야 한다고 생각하는 것이다. 넘치지도 모자라지도 않은 중용을 지키려는 사고방식이 농경민족에게는 있는 것이다. 그래서 중국철학에는 어느 한 곳에 치우치지 않는 '중(中)', '정(正)', '화(和)'라는 용어가 매우 많이 사용되고 있다.

4) 회귀적 사고

입춘(立春)부터 대한(大寒)까지의 24절기를 주기로 순환 회귀적 삶을 살아온 농경민족 중국인들은, 그들의 사고방식에 순환 회귀적 관념이 들어있다. 봄이 가면 다시 오지 않는 것이 아니라 아무리 매서운 겨울이 있다고 하더라도 1년 후에는 반드시 되돌아오고(歸), 춘분은 또 반드시 1년 후에는 돌아온다(歸). "추위가 가면 더위가 오고, 더위가 가면 추위가 온다.(寒往則暑來, 暑往則寒來 ≪周易≫ 繫辭下)", "달이 차면 기운다.(月盈則食 ≪周易≫ 豊卦)", "간 것은 반드시 돌아온다(去者必反)", "천지간에 떠났다가 다시 돌아오지 않는 것이란 없다"라고 생각한다. 달도 차고 기우는 것이 있고, 강물이 바다로 흘러가도 언젠가 다시 구름이 비가 되어 되돌아온다고 믿듯이, 우리네 인생사와 역사도 망할 때가 있으면 흥할 때가 있다고 믿는다. 모든 만물은 주기성을 띄고 순환하며, 모든 만물이 한번 가버리면(去) 영원히 돌아오지 않는 것이 아니라 언젠가 반드시 되돌아온다(歸)고 믿는다.

중국인들의 역사관은 진보적이지 않고 굉장히 순환적이다. 봄(陽이 생겨남), 여름(陽이 극에 달함), 가을(陽이 쇠퇴하고 陰이 생겨남), 겨울(陰이 극에 달함) 4계절에 따라 자연이 변화 순환하듯이, 중국인들은 역사의 흐름도 성할 때가 있으면 쇠할 때가 있다고 믿으며 그 성쇠는 계절의 순환처럼 끊임없이 순환한다고 믿는다. 중국인들은 서구의 미래지향적이고 진보적인 사관을 가지고 있지 않는 것이다.

중국인의 사유체계에 절대적인 영향을 미친 유 불 도의 3대사상과 음양오행사상 역시 순환 회귀적인 구조를 그 기본으로 삼고 있다. 이들 사상은 수천 년 동안 24절기를 주기로 주기적 삶을 살아온 정통 농경민족 중국인들의 기본적인 습성에 맞았기 때문에 지금까지 중국인들의 의식을 지배할 수 있었을 것이라 보여진다.

유가사상은 복고주의와 예교주의를 그 골간으로 하는데 이 중 복고주의만을 설명하면, 중국 유가인들은 항상 과거의 요순시대 하은주시대로 되돌아가고자(歸) 한다. 모든 것의 교훈을 과거에서 구해 현실 삶에 적용 현실 삶을 수정보완하며 살고자 한 것이다. 유토피아는 과거에 존재한다고 믿으며 그래서 그 과거를 항상 본받으며 돌아가고자(歸) 한다. 유가인들처럼 과거를 중시하고 어른과 조상을 중시하며 역사적 기술을 중시한 사람이 없는데, 이는 모두 유가 복고주의(歸) 사고방식 때문이다.

도가인들은 속세를 떠나 항상 무위자연으로 돌아가라(歸) 라고 외치는 있고, 영아상태와 소국과민(小國寡民)의 소박한 원시농경사회로 되돌아가고자(歸) 한다.

우리네 인생과 우주 자연 역사가 모두 끊임없는 윤회(歸)의 사슬에 억매여 있는 것으로 보는 불교를 중국인들이 쉽게 받아들일 수 있는 까닭도, 24절기를 주기로 순환 회귀적 삶을 살아온 농경민족 중국인들의 심성에 잘 맞았기 때문이라 할 수 있다. 인도에서 발생한 불교는 실제로는 지금의 아라비아 반도, 즉 유목문화 지역으로 전파되기가 훨씬 쉬웠다. 그러나 역사적으로 살펴볼 때 불교가 그 쪽으로 전파된 흔적은 거의 없고, 그 높은 히말라야 산맥을 넘어 티벳 고원을 지나 고비사막을 거쳐 중국으로 전파된 것은, 윤회사상을 골간으로 하는 이 불교가 24절기를 주기로 주기적 삶을 살아온 농경민족 중국인들의 심성에 잘 맞아 그런 지리적 어려움에도 불구하고 중국으로 쉽게 전파된 것이라고 생각된다.

중국인들의 사고체계에 깊게 영향을 준 음양오행사상 역시 순환회귀(歸)적인 특징을 그 골간으로 하고 있다. 인생, 우주, 역사, 자연현상 등 그 모든 것을 음과 양이 서로 대립 순환(歸)하는 것으로 해석하며, 또한 목상(木象), 화상(火象), 토상(土象), 금상(金象), 수상(水象)의 오행의 순환에 의해 그 모든 것을 설명하고 있다. 음과 양 그리고 오행의 올바른 순환은 우주 자연현상의 올바른 변화를 가져다주어 농사에 풍년이 들게 하지만, 음과 양 그리고 오행의 올바르지 못한 순환은 계절에 변고를 가져다주어 농사를 망치게 한다고 믿었다. 그들은 음양오행에 따라 모든 것이 순환 회귀한다 믿고 있었다.

5) 원형회귀

흙을 떠나면 고향을 떠나면 죽음으로 간다고 믿는 농경민족인 중국인들은 항상 원래 상태 즉 원형으로 돌아가고 싶어 한다. 고향을 떠나 살더라도 명절에는 고향을 찾는 귀소본능이 강하며, 노년에는 고향에 묻혀 흙과 더불어 하나되어 살고 싶어 한다. 중국인이나 한국인들처럼 설 추석 등의 명절에 고향을 찾아가는 귀성인파가 이렇게 많은 민족도 별로 없다. 중국인들은 고향에서 태어나 서당 공부를 하며 자라다가 나중에 대처에 나가 벼슬자리하거나 성공하여도 말년에는 다시 고향으로 돌아와 살며 후학을 가르치다가 고향 뒷동산에 묻히는 것을 가장 이상적인 삶으로 여겼다. 밖에 나가 죽는 것을 객사라 하여 불행한 죽음이라 여겨서, 죽을 때에는 항상 집이나 고향으로 돌아와(원형으로 회귀하여) 고향집 안방에서 죽고자 한다.

고향을 떠난다는 것은 포근한 모태를 벗어나는 것이라고 믿는다. 한시에는 고향(원형)을 그리워하며 그 고향으로 돌아가고 싶은 심정을 읊조린 사향시(思鄕詩)가 부지기수이다. 나그네 생활의 즐거움이나 호기심을 읊은 작품은 하나도 없고 고향을 떠난 나그네 생활이란 항상 고독하고 슬픈 것이라고 읊고 있다. 타향을 떠도는 나그네 생활의 고독과 슬픔을 읊은 유자시(遊子詩)는 부지기수이다. 한시에 개척시와 유람시 그리고 여행시가 없는 것은 나그네 생활(원형에서 떠난 생활)이란 항상 chaos(혼돈) 상태라는 관념을 가지고 있는 농경민족이기 때문이다.

6) 직관 중시

장사꾼들은 숫자와 계산이 이미 습관화되어 있고 유목인들은 자신 소유의 양과 말을 숫자로 헤어 파악하지만, 농사꾼들은 자신의 경작량이나 수확량에 대해 그렇게 치밀하게 숫자로 계산할 수 없고 대략 눈으로 보아 육감적으로 계산한다. 그러므로 이런 삶을 수천 년 동안 살아온 중국인들은 객관적 과학적 분석이나 인식론이 그리 발달하지 못했고, 주관적인 직관 분야가 매우 발달하게 되었다.

인식론 문제는 인식 주체와 인식 대상이 확연히 구분되어야 제기되는 것인데, 인식론이 발달하지 못한 중국인들은 이 두 가지를 구분하지 않고 하나로 보는 경향이 있다. 주관적인 직관에 근거하다 보니 과학적이지 못하고 경험에 의존해서 판단하는 경우가 많았다. 과거 중국비평계에 인상비평이 주류를 이루고 과학적인 분석비평이 거의 없는 것도 이 때문이라 할 수 있으며, 중국 철학 용어의 개념이 명확하지 못하고 모호한 것도 이 때문이라 할 수 있다. 주관적 직관적 사고는 객관적 과학적 사고를 막아 과거 중국에서 과학이 거의 발달하지 못한 이유 중에 하나라고 생각된다.

7) 물아일체 혼연일체 천인합일

흙과 '더불어 하나'되어 일생을 살아온 농경민족 중국인들은 항상 그 자연과 혼연일체가 되어 '더불어 하나'되고자 한다. 인생과 사회, 인생과 자연을 구분하여 보지 않고, '더불어 하나'로 보는 물아일체의 경향이 아주 강하다. 자연과 내가, 우주와 내가 그리고 그 모든 것이 하나되는 천인합일 사상을 가지고 있다.

자연과 우주는 대아(大我)요 인간은 소아(小我)로, 대아와 소아가 하나로 합치되어 구분되지 않는 것으로 파악하고 있다. 이 우주자연이 축약된 것이 우리 인간이요, 우리 인간이 더 축약된 것이 바로 손이요 발이요 귀라고 본다. 그래서 몸에 병이 나면 그 부분에 해당되는 손 발 귀 부위에 침을 놓는데, 우리는 이를 수지침, 족침, 이침이라고 부른다.

중국인들은 자연의 법칙에 그대로 순응하며 살기를 원했는데, 그래서 모든 만물이 소생하는 봄에는 전쟁을 일으키거나 사형을 집행해서도 안 된다고 믿었다. 봄은 모든 만물을 소생시키는 계절로, 그 계절의 법칙을 어기며 전쟁을 하거나 죽이는 것은 자연에 순응하지 않는 것이라 여겼기 때문이다. 전쟁과 사형은 자고로 모든 만물이 시드는 가을과 겨울에 행하였다. 봄의 절기에 맞게 옛날에는 봄에 집단혼례를 많이 행한 것도 마찬가지이다.

유목민족들은 항상 자연을 극복하고 투쟁하면서 살아왔다. 그래서 그들의 철학에는 세계는 나와 서로 대립되는 존재로 여겨 역사는 아(我)와 피아(被我)의 투쟁에 의해서 변해온 것이라고 생각한다. 해겔의 정 반 합 이론도 마찬가지이다. 대립 투쟁과 그리고 모순 극복이 인류사라는 것이다.

그들은 모든 것을 이분법적으로 본다. 서구 고대 관념으로는 사람에게는 영혼과 육체의 두 부분이 있고, 영혼부분이 접촉하는 것이 이성적인 정신세계요, 육체부분이 접촉하는 것이 감각적인 물질세계이다. 그러나 자연과 '더불어 하나'되어 조화롭게 살아온 중국인들은 심(心)과 신(身)이 서로 일치한다는 관념에 기울어져 영혼과 육체의 대립을 믿지 않았다.

유목인들은 자연에 순응하여 삶을 사는 것이 아니라, 투쟁하고 개척하여야만 비로소 삶을 유지할 수 있기 때문에, 그들은 본능적으로 외부 세계에 대하여 적의를 품고 투쟁하여 없애버리려고 한다. 자기 우리가 아닌 모든 존재에 대하여 항상 적대시하며 경계한다. 외부세계를 자신의 양과 말을 훔쳐갈지도 모를 그리고 자신을 파괴시킬지도 모를 적이라고 생각한다. 그들은 적과 나를 확실하게 구분하여 인식하는 이분법적 사고를 한다. 그들의 세계관과 인생관에는 일종의 강렬한 대립적인 감정이 존재한다. 자연에 대해서는 天(즉 자연)과 人이 대립되고, 인간에 대해서는 적과 내가 대립된다. 자연과 투쟁하여 이기지 않으면 적과 투쟁하여 이기지 않으면 내가 져 소멸되어 버릴 것이라고 생각한다. 그런 까닭에 그들의 철학을 성립시키는 심리상의 필연적 이론에는 내 외와 아와 피아가 완전 대립된다.

적에 의해서 나 아닌 존재에 의해 속박당한 삶에서 해방되는 것을 중시하여, 그래서 서구인들은 자유, 독립, 해방, 개성 등을 중시하는데, 이는 곧 투쟁과 자연극복이라는 그들 삶의 방식이 만들어낸 것이다. 이것이 서구에서 신의 속박으로부터 벗어나 인간 자신이 바로 자신의 주인이라는 민주주의 사상과 인권이 일찍이 고양될 수 있었던 문화적 배경이 된 것이 아닌가 한다. 그러나 흙(자연)과 '더불어 하나' 되어 살아온 중국인들은, 즉 자연과 어울려 그 구속으로 벗어나고 싶지 않은 중국인들은 구속(속박)으로부터의 해방, 그리고 자유와 독립 같은 것에 그리 큰 비중을 두지 않았다고 생각된다.

8) 내부지향적

농사꾼들은 외부로 향해서 생계를 찾지 않고 자신의 땅에서 자급자족하며 살기 때문에 그 모든 것을 외부에서 구하거나 찾는 경우가 드물다. 농사가 잘되고 못되는 것은 결국 자신에게 달려있다고 여겨, 모든 것을 자기 자신에게서 찾는 경향이 강했다. 이에 중국인들은 항상 자기 자신을 살피고 성찰하는 그리고 모든 것의 원인을 자신에게서 구하는 경향이 강하다. 그래서 중국철학은 서구철학보다 인격도야·정신수양·도덕함양·인간완성 등 자신의 심신수련을 중시하고 항상 자기 자신을 살피고 성찰하는 것을 중시한다.

참선을 위주로 하는 선불교(선종)가 그러하고, 심산유곡에서 수련하는 수련도교가 그러하며, 오로지 침잠하여 몸 안에 단(丹)을 축적하는 단전호흡이 그러하고, 무위자연으로 돌아가고 하는 도가사상이 그러하며, 정신수양·인격도야·정신수양 등을 중시하는 성리학 또한 그러하다.

중국철학에는 자신의 마음을 깨끗하게 만들려는 '정심(淨心)에의 추구'가 굉장히 발달한 것이 특징인데, 그들 중국인들은 극도의 정신 정결성으로 통하여 궁극적으로는 도에 도달하고자 한다. 도가사상, 선불교(선종), 수련도교, 단학 등등은 모두 극도의 '정심(淨心)에의 추구'를 기본 특징으로 하는데, 지금 물질문명에 찌든 서구인들이 동양에서 잃어버린 정신을 찾자고 하며 동양사상에 매력을 갖는 것은 이렇게 극도로 발달한 동양철학의 '정심에의 추구'때문인 것으로 여겨진다.

9) 시간적 연장 중시

자급자족하는 농경문화 민족인 중국인들은 떠돌아다니는 유목민족과는 달리 공간적인 확장보다는 24절기의 올바른 계절적 순환을 동반한 끊임없는 시간적 영속성을 중시한다. 그들은 자급자족만 할 수 있다면 공간의 확장을 바라는 마음은 별로 없고, 다만 올바른 계절적 순환이 끝없이 연속되기를 바랄 뿐이다.

입춘부터 대한까지 24절기에 맞추어 농경일지적 삶을 수천 년 동안 살아온 전통적인 농경민족인 중국인들, 그들이 그들의 조상과 후손 그리고 핏줄과 가계 혈통 등을 아주 중시하는 것도 종적인 시간의 연속성에 대한 무한한 갈망 때문이라 할 수 있다. 가계를 중시하고 족보를 중시하며 혈통을 중시하는 것도 크게 보면 농경인들의 올바른 시간의 영속성 중시에 그 원인이 있다 할 수 있다.

10) 안분자족(安分自足)

자연과 투쟁하여 살아가는 것이 아니고 자연에 순응하여 살아가기 때문에, 농경민족들은 자신의 分(분수)을 지키며 안분자족(安分自足)하려는 경향이 강하다. 삶이 힘들고 어렵더라도 혹은 흉년이 들어 농사를 망치더라도 그것이 자신의 운명인줄 생각하고 그저 포기하고 그럭저럭 살아가고자 하는 경향이 강한 것이다. 풀을 찾아 떠돌아다니는 유목인들과는 달리 자신의 삶을 자신의 의지대로 개척하고자 하는 경향이 적다. 자급자족하는 그리고 올바른 계절적 순환을 중시하는 농경인들은 평화로운 환경과 지족(知足)을 중시한다.

11) 대가족제도의 발달, 가족 위계질서 중시, 조상숭배

농사짓는 데는 많은 노동력이 필요하다. 특히 논농사 위주인 농경사회는 더욱 그러한데, 그래서 농경사회에서는 다산(多産)을 중시하여 대가족사회를 이루게 되는 것이 특징이다. 또한 노동력이 강한 남자를 선호는 남아선호사상이 강한 것이 일반적인 특징이기도 하다.

이렇게 많은 가족 많은 친척들이 씨족을 이루며 한 마을에 모여 살기 때문에 가족 친척간의 위계질서를 아주 중시하여, 가족 간 사람 간의 위계질서를 유지시키는 윤리와 인륜도덕이 굉장히 발달하였다. 군신간의 관계, 부자간의 관계, 부부간의 관계, 붕우간의 관계, 장유(長幼)간의 관계 등 이른바 삼강오륜이 발달하게 된다. 함께 힘을 합친 협동적인 일을 많이 하기 때문에 그리고 구성원 간의 위계질서를 유지하기 위해 웃어른의 말은 무조건 따르고 순종해야 한다. 웃어른이 틀리더라도 그것에 반항하거나 거부하면 안 된다. 그러면 가족 간의 위계질서가 무너져 공동체를 운영해 나갈 수 없다. 가족 간의 친척 간의 위계질서를 유지하기 위한 이런 엄격한 인간관계 중시로 말미암아 웃어른을 중시하고 조상을 중시하는 문화를 낳게 되는데, 이로 인해 혈통과 가계, 가문, 족보를 중시하는 문화풍조를 낳게 된다.

또한 농사를 짓는 데는(모심기, 밭매기, 벼베기 등) 온 마을 사람들이 함께 협동적으로 하기 때문에, 집단적인 품앗이, 향약, 두레, 계 등의 협동적인 제도가 발달한 것이 특징이다. 집안의 길흉사 등 대소사도 온 마을 사람들이 나서서 함께 도와주는 상부상조의 미덕이 농경문화 지역에는 있다. 그래서 농경문화 지역에는 동문회, 동창회, 향우회, 문중 등 이른바 '우리'라고 하는 단합하는 모임이 많이 발달했다.

말과 양을 몰며 떠돌아다니는 유목민족의 후손들인 서구인들에게는 집단적인 일이 별로 없고 또한 집단으로 촌락을 이루며 모여 살지도 않기 때문에 품앗이, 두레, 향약, 계 같은 집단적인 제도나 상부상조하는 미덕 그리고 동문회 동창회 향우회 등등의 '우리'라는 모임이 별로 없고 그 개념도 희박하다. 또한 그들은 씨족이 모여 살지 않았기 때문에 문중이나 족보 가계 혈통 등에 대해 그리 중시하지 않았다.

농경인들은 개인의 뛰어난 통솔력과 창의력 리더십보다, 모내기 벼베기 등의 협동적인 일을 많이 했기 때문에 협동심과 단결 단합을 중시하는 경향이 강하다. 그러나 유목인들은 목자에 의해 양떼를 몰고 다녔기 때문에 한 명의 통솔력 창의력 리더십을 갖춘 지도자를 중시 여기는 문화를 가지게 되었고, 또한 그들은 사람들의 창의력 통솔력 리더십 등을 중시 여긴다.

서구에서 말하는 성격(character)이란 남과 다른 나만이 가지고 있는 독특함을 뜻하지만, 중국에서는 남과 아무 문제없이 잘 어울리며 모나지 않는 것을 '성격 좋다.'라고 표현한다. 독특한 창의력 개성 등이 필요 없는 모두 함께 협동적인 일을 하며 삶을 살아온 농경민족이기 때문에 개인의 뛰어남보다는 남과 두루 뭉실하게 어울려 사는 삶을 중시 여겼던 것이다. 모난 돌이 정 맞는다는 말도 있다.

12) 농경문화 사상으로서의 유가와 도가

중국에서 발생한 유가와 도가사상은 모두 농사꾼의 사고방식을 잘 반영하고 있다. 만약 이들 사상이 반농사꾼적 이었다면 지금까지 중국에서 지속되어 내려오지 않았을 뿐만 아니라, 언젠가는 역사 속으로 소멸되어 버렸을 것이다. 이들 사상이 중국에서 지금까지 수천 년 동안 그 생명력을 유지할 수 있었던 것은 그 사상들이 농경문화의 특징을 잘 반영하고 있기 때문이라 할 수 있다.

농사꾼들의 생활은 단순하고 그들의 생각은 소박하다. 도가사상은 농사꾼들의 이런 면을 잘 반영하고 있는데, 도가사상은 문명과 인위적인 것을 비난하며 소박한 소국과민(小國寡民)의 원시 농경사회를 가장 이상적인 사회로 묘사하고 있다. 또한 영아의 순진성을 찬양하고 지식을 멸시하였다. ≪노자≫ 제 80장에 다음과 같은 언급은 이를 잘 나타내주고 있다.

> 나라를 작게 하고, 백성들을 적게 하자. .... 백성들로 하여금 다시 노끈을 매어 문자로 사용하게 하자. 그 음식을 달게 먹고, 그 옷을 곱게 입고, 그 집에 편히 살며, 그 일과를 즐기게 하면, 비록 이웃나라가 바로 보이고, 닭과 개짓는 소리 들려오더라도 백성들은 늙어 죽을 때까지 서로 왕래하지 않을 것이다.(小國寡民 .... 使民復結繩而用之. 美其服, 安其居, 樂其俗. 隣國相望, 鷄犬之聲相聞, 民至老死不相往來)

이동하지 않고 정착하여 사는 소박한 농경사회를 가장 이상적인 사회로 묘사하고 있는 것이다.

농부는 항상 자연과 더불어 혼연일체가 되어 살아간다. 흙과 인간이 하나가 되는 것이다. 그들은 흙을 어머니로 여기며 살아간다. 그리고 자연을 항상 찬미하고 순종하며 살아간다. 자연에 대한 무한한 찬미와 사랑 그리고 융합은 도가사상에 아주 잘 표현되어 있다. 그들은 무위자연(인위적인 것을 가하지 않은 스스로 그러한) 상태로 돌아가기(歸)를 원했다. 그들은 스스로 그러한 것(自然)과 인위적인 것을 엄격하게 구분하였다. 자연의 법칙에 우주의 질서에 그대로 따라가며 살고자 한 것이다. '하늘에 순종하는 자 흥하고 하늘을 거스러는 자 망한다(順天者興, 逆天者亡)'고 생각했다. 여기에서 말하는 하늘이란 단순한 물리적인 하늘을 뜻하는 것이 아니고, 자연의 법칙을 뜻하는 것이다. 그들은 우주와 자연과 합일되어 하나 되기를 원했다. 농부가 흙과 하나 되기를 원한 것과 마찬가지이다.

농경이 중국사회의 경제적 기반을 이룩하였다면, 유가사상은 농경인들의 윤리를 천명했다고 할 수 있다. 사람들 사이의 위계질서와 단결이 중시되는 농경사회에서 인륜도덕과 예를 중시하는 유가사상은 사회적 위계질서와 그 책임을 강조하고 있다.

그 반면에 도가사상은 인간의 자연적인 면과 자발적인 면을 강조하였다. 유가는 사회 위계질서 안에서의 속박된 윤리라면, 도가는 이를 벗어난 초월과 자연에의 소요(逍遙)를 중시하였다. 이 양자는 세력 균형을 유지하면서, 중국인들로 하여금 세간(世間)과 출세간(出世間)의 평형감을 유지시켜 주었다고 할 수 있다. 중국인들은 벼슬자리에 나가 사회에 적극 참여할 때는 유가사상에 기울어졌고, 벼슬을 떠나 고향과 전원 그리고 유배지에 은거할 때는 도가사상에 기울어졌다. 중국에서는 사회에 적극 참여하여 관리가 되어 사람들과 많은 교분을 나눌 때는 유가적 교양을, 사회를 떠나 자연에 은거할 때는 도가적 교양을 중시하였기 때문에, 이를 모든 갖춘 사람을 진정한 성인으로 보고 '내성외왕(內聖外王)'이라고 불렀다.

3~4세기 위진남북조시대 도가를 유가에 접근시키려는 경향을 신도가라 부르고, 11~12세기 송나라 때 유가를 도가에 접근시키려는 경향을 신유가(성리학)라고 부르는데, 이 양자는 중국 역사 속에서 항상 대립하는 듯하면서도 또한 서로 융합하고 서로 영향을 주고받는, 대립 속의 융합과 조화를 이루었다고 할 수 있다.

14. 중국의 명절과 기념일

1) 명 절

춘절(春節) : 우리의 음력 설날을 지칭하는데, '과년(過年)'이라고도 한다. 음력은 중국에서 3천년 전부터 사용되어온 역법이다. 중국 최대의 명절로 모두 고향으로 돌아가서 가족 친지들과 함께 음식을 나누어 먹는다. 정부에서는 공식적으로 3일간의 휴가를 정하고 있지만, 일반적으로 10일 혹은 심지어는 한달간 가게를 문 닫고 놀기도 한다. 농촌에서는 보통 음력 대보름까지 보름동안 쉰다. '춘절'은 겨울이 지나고 봄이 곧 다가옴을 예시하는 것인데, 사람들은 봄을 고대하면서 동시에 사직신 및 조상신들에게 한해 동안 오곡이 풍성하고 모든 일이 뜻같이 되기를 기원하며 제례를 지낸다. 북쪽사람들은 온 가족이 모여 만두를 빚어 먹고 카드나 마작놀이를 하며 즐긴다. 아이들에게 돈도 주고 폭죽놀이를 즐긴다. 폭죽을 터뜨리는 것은 귀신과 액을 쫓기 위해서이다. 이 때 가정에서는 '년화(年畵)'를 붙이고, 대문에 빨간 종이로 '대련(對聯)'과 문신상(門神像) 그리고 '복(福)'자를 써 거꾸로 붙이기도 한다. 중국인들은 붉은 색을 좋아하는데 이는 길한 것을 의미한다. 이때에는 수억 명의 사람들이 고향을 찾아 이동하는데, 중국 교통

〈춘절 때 문앞에 붙힌 춘련과 福자를 거꾸로 붙힌 모습〉

당국은 이에 대해 만반의 대비를 갖춘다. 이 이동 기간 동안에는 국가의 중대한 일도 발표하지 않고 춘절기간이 끝난 후에 발표를 하는데, 이는 이동 중인 중국인들의 동요를 막기 위해서라고 한다. 중국 각 곳에서 이때를 맞추어 각종 민속놀이를 행하기도 한다. 춘절 전날 밤을 '제석(除夕)'이라고 부르며, 온 가족이 모여서 풍성한 저녁을 먹는데, 이를 '녠야반(年夜飯)'이라고 한다. 중국 최대의 전통 명절이다.

원소절(元宵節: 上元節, 燈節) : 음력 1월 15일로 춘절 며칠 전부터 이 원소절까지 중국인들이 폭죽놀이를 하며 즐긴다. 이날에 원소를 먹고 등을 감상하는 풍습이 있다. 원소는 찹쌀가루를 원형으로 빚고 그 속에 설탕과 깨를 넣어 끓인 것으로, 가족 간의 단결 화목과 길조를 상징한다고 한다. 이날 밤에 등을 감상하는데, 등은 황제의 은덕이 백성들에게 고루 미치고 어두움을 몰아낸다는 의미가 있다. 그 후 백성들 사이에 등불을 장식하는 관등놀이의 풍습이 생겼는데, 이를 등회라고 한다. 춘절부터 등절까지 보름동안은 일반 가게나 일부 관공서가 문을 닫고 또한 교통도 불편하기 때문에, 이 기간 동안에는 중국에서 여행이나 업무를 보지 않는 것이 좋다.

단오 : 음력 5월 5일인 이날은 멱라수에 빠져 죽은 충신 굴원(屈原)을 기리기 위해 종자(粽子)를 먹는다. 이 종자를 먹는 풍습은 물고기가 굴원의 시체를 뜯어먹지 못하도록 찹쌀을 대나무 잎에 싼 이 종자라

는 음식을 멱라수에 빠뜨리는데서 유래되었다고 한다. 또한 용선경기를 이 때 많이 즐기는데, 그래서 단오를 용자절(龍子節)이라고도 한다.

중추절 : 음력 8월 15일로 춘절처럼 그리 중시하지는 않지만, 전통명절 중 그래도 중시하는 절기라 할 수 있다. 직장에 따라 하루 정도 쉰다고 한다. 고대 중국의 제왕들은 봄에 해에 제사지내고 가을에 달에 제사지냈는데, 그래서 민간에서도 중추절 이 때에는 달에 제사지내고 소원을 비는 풍습이 생겨났다. 이날에는 월병(月餠)이라는 음식을 먹는데, 이는 가족 친지간의 단결 화목을 뜻한다고 한다.

동지 : 북방 사람들은 이날 양을 잡아먹고 만두를 먹으며 부엌신에게 제사지내는 풍습이 있다.

2) 기념일

부녀절 : 3월 8일로 국제여성 투쟁기념일이다. 1,908년 3월 8일 미국 시카고의 여성들이 남녀평등을 요구하면서 시위를 거행했고, 다음해 덴마크 코펜하겐에서 국제 제2차 사회주의자 여성대회가 개최되어 이날을 국제 여성의 날로 삼기로 결정했다. 이날이 되면 모든 직장여성들은 오전 근무만 하고 오후엔 쉰다. 또한 집안일도 하루 쉬며 모든 일은 남성이 도맡아 한다. 공원이 여성들에게 무료로 개방되며, 국가에서 전국 여성들 중 모범여성을 뽑아 기념한다. 중국은 여성 해방이 완벽한 나라이기 때문에, 이 부녀절을 아주 중시한다.

노동절 : 5월 1일로 중국은 노동자의 나라답게 이날을 아주 중시하여 기념한다. 1,886년 5월 1일 미국 시카고를 중심으로 노동자들이 대규모 파업과 시위를 거행하여 자본가의 잔혹한 착취에 반대하고, 동

시에 하루 8시간 근무하는 노동 제도를 요구하면서 유혈투쟁을 거쳐 승리했다. 그 후 1,889년 제2차 인터내셔널 성립대회에서 5월 1일을 국제 노동절로 정했다. 중국에서는 모범노동자를 선발하여 이날을 기념하고 정부에서 대대적으로 행사를 진행한다. 노동절을 기념하여 일주일 정도 전 노동자가 쉰다. 이렇게 오래 쉬는 것은 중국 관광업을 활성화시키는 목적도 있다고 하지만, 실은 일에 비해 사람이 너무 많아 이렇게 장기적으로 쉬어도 문제가 전혀 없기 때문이라 할 수 있다.

청년절 : 5월 4일로, 1,919년 5월 4일 반제 반봉건의 기치를 내걸고 일으킨 운동'을 기념하여 제정한 날이다. 중국 정부는 청년들로 하여금 이 같은 영광스러운 전통을 계승하게 하기 위해 이날을 청년절로 정해 기념한다.

아동절 : 6월 1일로, 1,949년 국제민주 여성연합회가 전 세계 아동의 권익을 보호하고 아동에 대한 잔혹한 행위를 반대하기 위해 모스크바에서 거행된 회의에서 6월 1일을 국제 아동절로 정했다. 이날에는 중국 각지에서 어린이를 위한 각종 경축과 오락 활동을 행하는데, 공원 등이 무료로 개방된다.

건당절(建黨節) : 7월 1일로, 1,927년 7월에 상해에서 건립된 중국 공산당 창건을 기념하기 위해, 1,941년 이후 중국에서는 이날을 중국 공산당 창건일로 삼았다. 매년 이날에는 기념활동을 거행하고, 신문 등에 축하문장 등을 발표한다.

건군절(建軍節) : 8월 1일로, 1,927년 8월 1일에 중국 공산당은 강서(江西) 남창(南昌)에서 주은래 · 주덕(朱德) · 하룡(賀龍) 등이 주도한 무장봉기를 일으켰고, 1,928년 4월에 정강산(井岡山)에 도착하여 모택동이 지도하는 농민 봉기부대와 합류하여 공농홍군(工農紅軍) 제4군을 조직

했다. 이로부터 중국 공산당은 스스로의 군사역량을 지닌 군대를 가지게 되었는데, 이후 이를 기념하여 이날을 건군절로 삼았다. 중국의 모든 군인들은 모자나 견장에 '팔일(八.一)'이라는 모표를 달고 있는데, 이는 1,927년 8월 1일의 무장봉기를 기념하기 위해서이다.

국경절(國慶節) : 1,949년 10월 1일 모택동이 천안문에 올라 전 세계를 향해 중국 민족의 독립과 해방을 쟁취하고 중화인민공화국의 성립을 선포한 것을 기념한 날로, 중국 최대의 국가 기념일이다. 매년 이날 천안문 앞에서 열병식 행사를 거행하며 전국적으로 2일간 휴무한다. 그러나 일반 직장과 학교는 일주일 동안 쉰다.

이 외에도 4월 4일은 우리의 식목일에 해당하는 식수절(植樹節), 9월 10일은 우리의 스승의 날에 해당하는 교사절(教師節) 등이 있다.

〈1,949.10.1일 중화인민공화국 성립을 선포한 국가 최대의 기념일인 국경절을 축하하기 위해 천안문에서 밤에 폭죽을 터뜨리는 모습〉

15. 중국의 음식문화와 술과 차(茶)문화

1) 음식문화

우스갯소리로 남성의 5대 행복은 미국 집에 살면서 독일제 자동차를 몰고 일본인 아내와 프랑스 정부(情婦)를 거느리고 중국요리를 먹으며 사는 것이라는 말이 있다. 마치 먹기 위해 사는 것같이 보여 지는 중국인, 그들의 음식에 대한 관심과 열정은 일반인들의 상상을 뛰어 넘어 때론 황당함이 느껴지게 할 때도 있다. 보통 의식주(衣食住)라고 하는 것도 그 중요성에서 보면 마땅히 식의주(食衣住)라고 해야 할 정도로 중국인들의 음식에 대한 열정은 남달라, 다리가 네 개인 것은 책상 빼고 다 먹고 날아다니는 것은 비행기 빼고는 다 먹는다는 말이 있을 정도이다. 뱀·개구리·원숭이골·살쾡이·물방개 등 다른 문화권에서는 혐오식품으로까지 불려지는 그 모든 것들을 포함해서 사람이 먹으면 죽는 것 외엔 모든 동·식물들이 요리의 재료로 쓰여 지고 있다. 요리가 발달한 이유에 대해서는 크게 세 가지 설이 있다. 첫째로 중국이 지대물박(地大物博), 즉 땅이 넓고 온갖 물산이 풍부하여 각 지방마다 갖가지 요리가 발달하였다는 것이고, 둘째로 옛부터 현실을 중시한 데 반해 내세에 대해선 그다지 관심을 갖지 않았던 중국인들의 관념이 향락문화의 발달과 그에 비례한 요리문화의 발달을 가져오게 했다는 것이다. 마지막으로 중국에서 요리문화가 발전한 것은 음식이 장수에 직접적인 영향을 미친다는 생각과 불로장생에 대한 욕망이 하나로 어우러졌기 때문이라는 것이다. 중국인들은 불로장생하는 방법으로 음식과 약의 섭취, 그리고 정신수양을 꼽는다. 의식동원(醫食同源)이란 말에서도 알 수 있듯이 중국인들은 음식 섭취를 장수와 정력증진의 방법으로 인식하였으며, 장수와 정력에 좋은 음식을 고급 요리로 취급하였고, 그것을 위한 요리를 다양하게 개발해 왔다.

약선(葯膳)은 한방약재를 섞은 자양강장 음식으로 중국의 요리문화에서 중요한 부분을 차지하고 있는데, 이를 음식요법이라고도 부른다. 음식은 중국인들의 불로장생·복록수(福祿壽) 개념과 밀접한 관련이 있다. 음식 섭취를 알맞게 운용하면 장수를 하고 잘못 운용하면 몸을 상하게 한다고 생각이 광범위하게 유포되어 있다. 중국의 유명한 의사 장종경(張仲景) 같은 이는 그의 저서에서 많은 유형의 약선(葯膳)요리를 소개하고 있는데, 당귀나 생강 등의 약재를 넣은 양고기탕인 당귀생강양육탕(當歸生薑羊肉湯)도 그 가운데 하나다. 오늘날에도 중국의 유명한 관광도시에서 약선식당을 보는 것은 그다지 어려운 일이 아니며, 일반식당에서도 따로 약선요리를 메뉴판에 적어놓기도 한다. 이러한 약선요리는 관광객들, 특히 홍콩·마카오·대만 등 외국에 사는 화교들에게 인기가 많다.

중국요리는 그 요리의 특징에 따라 북경·산동·강소·절강·안휘·사천·상해·광동·복건·호남 등 10대 계통으로 나뉘기도 하나, 보통 북방의 북경요리, 양자강 하류유역의 상해요리, 사천지방을 중심으로 한 사천요리, 남쪽의 광동요리로 나눈다. 이 4대 요리는 그 나름대로의 특징을 가지고 있다.

(1) 북경요리

황하의 북방을 대표하는 북경요리는 경채(京菜)라고도 한다. 북경을 중심으로 산동과 서쪽의 태원(太原)까지의 요리를 포함하고 있는 이 요리는 한랭한 북방에 위치한 지역적 특성으로 인하여 칼로리가 높은 육류를 강한 화력으로 튀기거나 볶는 것이 특징이다. 생선요리보다 육류요리가 많고, 밀가루를 많이 사용하는 경채(京菜)는 맛이 진하고 기름지며 장(醬)을 사용하는 것이 특징이다. 경채를 대표하는 요리로 북경오리구이[北京烤鴨]를 들 수 있다. 우리나라 사람들에게 중국음식의 대명사로 인식되어 있는 짜장면은 산동지방에만 있는 요리로 이미 한국화한 것이다.

(2) 상해요리

상해요리는 간장이나 설탕으로 달콤하고 진한 맛을 내면서 기름기가 많은 것이 특징이다. 쌀 생산지라 쌀밥에 어울리는 요리가 발달했다. 또한 상해는 바다와 양자강이 가까운 지역으로 예전부터 해산물요리가 발달했다. 유명한 것으로는 상해게가 있는데 제 철에는 삶아서 먹고, 제 철이 지났으면 오래 묵은 술에 담궈 취해(醉蟹)를 만들어 먹는다. 특히 양자강 하류에 생식하는 담수(淡水)게는 세계 식도락가들 사이에선 진기한 맛으로 익히 알려져 있다. 장폭청해(醬爆淸蟹)라는 요리는 게의 등껍질을 6등분한 뒤 녹말가루를 묻혀 식용유에 튀긴 다음 팬에 파·생강으로 향을 내고 청주를 넣은 양념들을 튀긴 게와 함께 볶은 후 참기름을 넣은 것으로 미식가들 사이에선 가히 일품요리로 알려져 있다. 또한 베어 먹으면 입 속에 향기로운 수프가 스며드는 고기만두, 뱀장어볶음, 호수에서 잡히는 작은 새우회, 피조개 비슷한 한즈조개 반숙, 맛조개볶음, 동파육(東坡肉) 등이 유명하다.

(3) 사천요리

사천은 마늘·파·붉은 고추 등을 많이 사용하는 매운 요리로 유명하다. 그래서인지 중국요리 가운데 한국인의 입맛에 가장 맞다고 한다. 사천요리의 양념은 시고 매우며 향기로운 가운데서도 톡 쏘는 맛을 느끼게 해 주는 것이 특징이다. 마파두부(麻婆豆腐)는 사천요리의 명품으로 매운 맛이 특징인 사천요리답게 맵고 짠맛과 부드럽고 독특한 맛이 나는 요리이다. 또한 일품웅장(一品熊掌)이란 이름이 붙어 있는 곰발바닥 요리는 영양가 높은 고급요리에 속하는데, 그 가운데서도 곰의 타액이 묻어 있는 앞발바닥 요리가 더욱 고급요리에 속한다. 그러나 지금은 동물보호 목적으로 이 요리의 식용이 금지되어 있다.

〈매운 사천요리의 대표격인 마파두부〉

(4) 광동요리

광동요리는 중국요리 가운데 그 종류가 가장 많다. 농산물이 풍부한데다 동남아시아와의 교역이 빈번했던 항구도시의 특성을 이용해 풍부한 재료를 사용할 수 있었기 때문이다. 중국인들이 다리가 네 개인 것 중에선 책상 빼고는 다 먹고, 나는 것 중엔 비행기 빼곤 다 먹는 수 있다고 한 것도 실은 광동요리의 풍부함을 두고 한 말이다. 개·고양이·뱀·코끼리·원숭이골·제비집·도롱뇽 등 진귀한 재료(?)들을 이용하여 광동의 요리사들은 요리를 만들어내고 있으며, 이들은 진귀한 재료를 사용한 요리를 더 고급 요리로 여기는 풍토를 갖고 있다. 이런 요리들은 모두 보양·강장과 연관되어 있는데, 광동인들은 요리를 장수와 관련시켜 생각하였다. 광동요리는 신선하고 달며 부드러운 것이 일반적인 특징이다. 또한 간식류 역시 풍부하게 발달했는데, 세계 각지의 중국식 스낵코너에서 광동의 간식류를 볼 수 있다. 광동사람들은 "여름에는 뱀탕, 겨울에는 개고기만 먹을 수 있다면 맞아죽어도 좋다."라고 말할 정도로 뱀고기와 개고기요리를 즐긴다. 뱀고기요리는 독사를 최상품으로 치고 그 피와 쓸개 등도 즐겨먹는다. 개고기를 향기로운 고기, 즉 향육(香肉) 혹은 삼육(三六)이라고 하는데, 황구(黃狗)를 최상품으로 치고 흰 개를 최하품으로 친다. 원래 월남요리였다고 하는 제비집요리는 바다제비가 해안 절벽에 해초와 침을 섞어놓아 만든 집을 요리한 음식이다. 중국요리 가운데 광동요리가 미각의 국제화에 가장 걸 맞는 요리이다. 19세기 많은 광동인들이 전 세계로 이주했는데, 그런 영향으로 세계에 흩어져 있는 중국요리의 대부분이 광동요리이다. 상해사람 앞에서 옷 이야기하지 말고, 광동사람 앞에서 요리 이야기하지 말라는 말이 있듯이, 요리가 가장 발달하고 가장 맛있는 것이 바로 이 광동요리인 것이다.

2) 술문화

중국은 세계에서 가장 먼저 양조기술을 발달시킨 나라 중의 하나이다. 지금부터 근 5,000여 년 전부터 술을 빚었다. 술의 종류도 그 지역의 차이만큼이나 너무나 다양하여, 일찍이 1천여 년 전부터 이미 황주(黃酒)·향화주(香花酒)·약주(藥酒)·포도주(葡萄酒) 등 여러 유형의 술이 있었고, 지금에 와서 국제적으로 이름난 명주가 많다. 중국의 술은 일반적으로 백주(白酒)·황주(黃酒)·약주(藥酒)·과일주(果酒)·맥주(啤酒)·배합주(配制酒) 등의 6 종류로 구분되지만, 각각의 종류별로 또한 수천 가지의 품격으로 나눌 수 있어, 술의 종류에 있어서는 상상을 초월한다고 말할 수 있다. 각 지방마다 각 지방의 독특한 술이 있어왔으니, 중국 대륙의 크기만큼이나 다양한 술이 있어온 것이다. '중국명주'라고 표시된 붉은 리본을 두른 술이 중국 정부에서 인정한 명주이다.

백주는 곡물 및 전분이 많은 농산물을 재료로 삼아 그 농산물의 누룩을 발효시킨 뒤 증류하여 만든 술이다. 투명한 색과 깨끗한 맛과 향기 등이 특징인데, 높은 도수(40도 이상), 중간 도수(20-40도), 낮은 도수(20도 이하)의 술 등 다양하게 있다. 대표적인 술로는 귀주(貴州)지방에서 생산되는 모태주(茅臺酒), 산동지방을 중심으로 생산되는 분주(汾酒), 동북지방의 고량주(高粱酒), 대만 금문도에서 생산하는 금문고량주(金門高粱酒), 사천성 일대에서 생산되는 대국주(大麴酒)가 있다. 또한 공자의 고향인 곡부(曲埠)에서 생산하는 공부가주(孔府家酒)는 중국의 가장 대중적인 술이며, 외국으로 가장 많이 수출되는 술이기도 하다. 이 외에도 오량액주(五粮液酒)·고정공주(古井貢酒)·전흥대곡(全興大曲)·동주(董酒)·서봉주(西鳳酒)·치주노곡특곡(滬州老窖特曲) 등등이 유명하다.

황주는 압착주(壓榨酒)라고도 하는데, 찹쌀·기장 등의 곡물을 원료로 누룩에서 발생한 곰팡이균·효모균·세균 등을 이용하여 빚은 도수가 백주보다 낮은 술이다. 보통 12~18도이며 황색이나 붉은 색을 띠고 있다. 옛 중국인들이 가장 많이 마신 술이며, 이백이나 백거이 같은 문인 묵객들이 즐겨 마셨다. 황주를 빚어먹기 시작한 것은 이미 4천년의 역사를 가지고 있어 중국 술 가운데 가장 전통적인 술이다. 색깔·맛·향내·양조법·숙성 정도 등등에 따라 갖가지 술이 다 있는데, 우리에게 노신의 고향인 소흥(紹興)에서 빚었다는 소흥가반주(紹興加飯酒)는 익히 알려져 있다.

과주는 과일주로 당분이 많은 과일을 주원료로 하여 빚은 술로 대개 도수는 15도 정도 내외이다. 2,200년 정도의 역사를 가지고 있다고 하는데, 산동성 연대(煙臺)의 적포도주와 청도(靑島)의 백포도주가 유명하다. 이 외에도 홍매귀포두주(紅玫瑰葡萄酒)·미미사주(味美思酒)·금장브랜디(金獎白蘭地) 등등이 유명하다.

약주는 백주·황주·과주 등에 인삼·오가피·오미자 등의 약재를 넣어 보양주로 담은 술인데, 약재의 독특한 향내가 일품이다. 미주(美酒) 혹은 노주(露酒)라고도 하는데, 우리에게 널리 알려진 약주로는 죽엽청주(竹葉靑酒)와 오가피주(五加皮酒)를 들 수 있다.

중국의 8대 명주로는 모태주(茅臺酒)·분주(汾酒)·서봉주(西鳳酒)·치주노곡특곡(滬州老窖特曲)·소흥가반주(紹興加飯酒)·홍매귀포도주(紅玫瑰葡萄酒)·미미사주(味美思酒)·금장브랜디(金獎白蘭地) 등을 들 수 있다.

모태주는 중국을 가장 대표할 수 있는 술로, 귀주성(貴州省) 모태진(茅臺鎭)의 밀과 수수를 원료 삼아 경해진(經該鎭)의 적수(赤水)로 빚어 붉은 흙 항아리에 발효시켜 만든 술이다. 특히 이 술은 일곱 번의 증류와 밀봉을 거쳐 3년 간 묵혀 만들어낸다. 술이 투명하며 향기로우며 순하다. 영양이 많고 마신 뒤 향기가 오래 남으며 뒤끝이 깨끗한 술로, 도수는 60~70도에 이르는 열성주(烈性酒)이다. 이 술은 목을 자극하거나 쏘지 않으며 입안을 타게 하거나 맵게 하지 않는다. 비록 이 술을 과음한다 할지라도 다음날 두통이나 구토를 일으키지 않은 깨끗한 술로 세계적인 명주이다. 이 술은 중국과 미국이 수교 후 1,972년 닉슨 미대통령이 처음 중국을 방문했을 때 내어놓은 술로 유명하다. 중국정부가 외빈을 초대하여 베푸는 공식연회나 재외 중국공관에서의 성대한 초대파티에 항상 등장하는 중국을 대표하는 명주로 국주(國酒)·외교주(外交酒)로 일컬어지지만, 지금에 와서는 너무 가짜가 많아 국무원령에 의해 공식석상에 내어놓지 못하게 하였다 한다.

〈국주로 불리는 귀주 마오타이주(모태주)〉

3) 차(茶)문화

중국인들이 차를 마시기 시작한 역사는 술에 비하여 짧다. 삼국시대 이후 양자강 남부 사람들이 차를 마시기 시작하여 차츰차츰 북부로 전파되었다. 훗날 차는 중국의 7대 가정필수품[쌀·기름·땔감·차·소금·장·식초]의 하나가 되었다. 당나라 육우(陸羽)는 『다경(茶經)』이라는 차에 대한 전문서적도 편찬하였다.

옛날에 충신과 여자는 한 종류의 차만을 마셔야 한다는 금기가 존재했었다. 차나무는 장소를 옮겨 심으면 죽을 정도로 절개가 있는 것으로 여겨졌는데, 충신의 충절과 여자의 정절도 차나무처럼 한결같아야 한다고 믿었기 때문이다.

오늘날 중국 차의 유명 산지는 안휘·복건·대만·절강 등으로 대부분 남방지방이다. 차는 발효유무와 그 강도에 따라 녹차(綠茶)·홍차(紅茶)·화차(花茶)의 크게 3종류로 나눌 수 있다. 녹차는 다시 무발효차인 청차(淸茶), 발효도가 30~50%인 철관음차(鐵觀音茶), 70%인 오룡차(烏龍茶)로 나눈다. 중국인들은 발효가 안 되거나 덜 된 녹차, 그 가운데서 무 발효차인 청차를 즐긴다. 이 청차는 중국 차 생산량의 60% 이상을 차지하고 있다. 녹차의 품질은 그 원료인 잎에 따라 분류된다. 새순이 아닌 많이 자란 잎에서는 수확은 많지만 일등품을 만들 수 없다. 같은 종류의 차라도 찻잎을 따는 시기에 따라, 납차는 음력 섣달에, 화전차와 화후차는 한식 전후에, 기화차는 한식에, 우전차와 우후차는 곡우 전후에, 손춘차는 입동 전후에 딴 차를 일컫는다. 최고급품으로는 새봄에 차나무 위를 가리고 재배한, 특히 새순을 부드럽게 해서 만든 옥로(玉露)이다. 좋은 녹차는 줄기에 가루가 섞이지 않은 질이 높은 것일수록 낮은 온도에 우려내야 맛이 난다고 한다. 차를 달이는 중요한 요소는 수질과 물의 온도 찻잎을 우려내는 시간, 그리고 차 잔에 달려 있다.

중국인들이 그렇게 기름기 있는 음식을 많이 먹으면서도 비만과 고혈압이 없는 것은 이렇게 습관적으로 차를 마시기 때문이라고 한다. 차는 그냥 마시는 것이 아니고, 그것은 하나의 예술행위라고 말할 수 있는데, 중국인들은 차를 마시며 경극을 감상하고 우인들과 담소를 나누기도 한다.

16. 중국의 오락문화

중국인들은 포커와 마작을 즐긴다. 이것이 사향심을 조장시킨다고 중국정부에서 금지시킨 적도 있지만, 아직도 많은 사람들이 즐기고 있다. 또한 중국인들은 둘 이상 모이기만 하면 잡담을 즐긴다. 무슨 이야깃거리가 그리도 많은지, 도대체 화제가 끊어지지 않는다. 여자들뿐만 아니라, 남자들도 잡담을 즐기며 나이든 분들도 모이기만 하면 잡담이다. 물건을 파는 판매원 아가씨도 잡담을 하고, 출근한 직원들도 모이기만 하면 잡담을 한다. 중국인들은 둘 이상만 모이면 침묵이란 것은 도대체가 없다.

아침이나 저녁 무렵에 공원 같은 곳에 나가보면 많은 중국인들이 태극권, 태극창이나 기공체조를 하는 것을 흔히 볼 수 있다. 이들은 맨손으로 하는 경우도 있지만, 칼을 들고 하는 경우도 있다. 아름다운 아침햇살이나 석양을 배경으로 이미 정년퇴직을 한 노인네들이 모여 태극권이나 기공체조를 하는 것은 중국에서 일상적으로 볼 수 있는 현상으로, 한편의 수채화를 보는 듯하다. 중국인들의 이런 태극권과 기공체조는 아주 천천히 몸을 움직여, 우주와 혼연일체가 되려고 한다. 중국인들의 건강에 대한 관심은 아주 각별하다. 기(氣)의 올바른 순환이 병을 치유하고 장수하게 한다고 믿어, 중국인들은 태극권이나 기공체조 같은 것으로 기의 올바른 순환을 도모한다. 태극권을 동선(動禪)이라고 하듯이, 호흡을 조절하고 천천히 몸을 움직여 마음을 가라앉히는 것으로, 신체단련 뿐만 아니라 정신수양에도 많은 도움이 된다. 또한 이런 기공체조 말고도, 방안에서 홀로 조용히 특수한 호흡법으로 몸 안에 단을 축적하는 단전호흡이나 내공 그리고 정공(靜功)을 하는 사람도 적지 않다.

또한 요즘에는 에어로빅과 같은 건강체조도 즐긴다. 남녀가 함께 손을 붙잡고 음악에 맞추어하는 이런 에어로빅은 학교 운동장이나 공원에서 적지 않게 볼 수 있다. 우리 같으면 대체로 에어로빅은 여자들의 운동으로만 인식하여, 남자가 그것도 성인남자가 음악에 맞추어 몸을 흔드는 에어로빅을 하는 것은 좀처럼 찾아보기 힘들다. 그러나 유가문화가 완전히 사라졌고 또한 철저하게 남녀가 평등한 사회인

〈심신수련을 위해 공원에서 태극권을 하는 중국인들의 모습〉

중국에서 남자가 학교 운동장에서 여자와 함께 손을 잡고 에어로빅을 한다는 것은 너무나 당연하며 절대로 쑥스럽게 느껴질 현상이 아니다.

또한 길거리의 광장이나 학교 안의 공터, 그리고 공원에서 음악을 틀어놓고 남녀가 사교적인 춤인 교의무(交誼舞)를 추는 것을 보는 것은 아주 흔하다. 남녀가 상대를 번갈아가며 추기도 하고, 아무하고도 춤을 춘다. 어색해 하거나 쑥스러워하는 사람은 아무도 없다. 또한 의복에 전혀 신경을 쓰지 않는다. 하나의 건전한 여가활용으로, 신체단련으로, 사교적으로 추는 것으로써, 우리나라 사람들이 사교춤을 남녀 간에 애정을 표현하는 하나의 수단으로 여기는 것과는 다르게 춤을 대한다. 요즈음에는 돈이 있는 사람들은 가무청(歌舞廳)이나 가라오케 같은 곳에 가서 추기도 한다. 고급스럽지 않은 가무청(歌舞廳)에 가면, 평상복을 그대로 입고 온 중국인 남녀들이 저녁시간을 즐긴다. 그들은 더러 무대에 올라가 마이크를 잡고 노래도 부르고, 더러는 무대에 몇 쌍의 남녀가 짝을 맞추어 춤을 추기도 한다. 그들은 거의 술을 마시지 않고 녹차 몇 모금과 호박씨를 까먹으면서 기분을 낸다. 산책 나온 사람들처럼 표정이 편안하다. 10시 정도가 되면 거의 대부분이 귀가를 한다. 자본주의 국가에서처럼 술을 마시며 즐기면서 흥청거리는 밤문화와는 거리가 멀다. 또한 어떤 모임이 끝났을 때 마지막에 남녀가 함께 이 교의무를 춘다. 남녀가 전혀 어색하게 여기지 않는다.

이 외에 휴일이 되면 대학 강당에서 영화를 방영하기도 하는데, 연애하는 많은 젊은이들이 이 싼값의 영화를 관람하기도 한다. 1,995년 국무원 명에 의해 전 직장이 일주일에 5일을 근무하게 되었다. 토요일과 일요일은 반드시 쉬는데, 이를 5일공작제(五天工作制)라고 한다. 이는 일에 비해 직장에 근무하는 인원이 너무 많아 5일을 일하여도 직장이 돌아가는데 아무 지장이 없기 때문이다. 주 2일을 휴무하여 중국의 직장인들은 시간적 여유가 많이 생겼다. 그러나 일반적으로 돈이 없어 돈을 들이며 즐길 수는 없다. 그래서 중국정부는 돈이 들지 않고 즐기는 이런 사교춤이나 에어로빅 등을 대대적으로 장려하고 있다. 이는 건전한 여가활용도 되지만, 많은 시간적 여유 속에 생길 수 있는 정부에 대한 불만을 누그러뜨리려는 속뜻도 있다고 본다.

중국의 TV에 두 사람의 재담꾼이 나와 서로 주고받으며 만담하는 것을 가끔 방영하는데, 이를 쌍성(雙聲)이라고 한다. 우리의 코미디와 유사한 것으로 반드시 두 사람이 그것도 주로 남자가 출연하여 재담을 한다는 특징이 있다. 이전의 홀쭉이와 뚱뚱이의 재담을 연상케 한다. 중국인들은 이것을 많이 즐기는 듯했다.

또한 중국의 노인들 중에는 집안에서 새 기르기를 취미로 삼는 사람들이 많은데, 이들은 가끔 공원이나 광장에 새장을 들고 나와 같이 어울려 새소리를 들으며 노년을 보낸다. 또한 그들은 새와 새장을 팔기도 한다. 새장은 우리나라에서 일반적으로 볼 수 있는 새장보다 더 고급스러운 것으로, 청대 귀족들이 즐기던 고급 취미의 하나였던 것에서 유래된 것이다. 저녁 무렵에 새장을 들고 공원에서 느릿느릿 걸어 다니는 중국의 노인네들은 흔히 볼 수 있다. 특별한 일거리가 없고 취미가 없으며 활동력이 뒤쳐진 노인네들이 만년을 보낼 수 있는 취미인 것이다.

17. 중국의 경극

경극은 중국의 남녀노소 지위고하를 막론하고 모두 즐기는 가장 대중적인 오락문화라고 하여야 할 것이다. 중국 사람들은 경극을 이해하여야만 중국문화를 이해할 수 있다고 하고 있다. 중국에 있으면서 직접 극장에 가서 본 적은 없었지만, TV에서 여러 번 경극을 본 적이 있다. 처음에는 쨍쨍거리는 악기소리 째지는 듯한 배우의 목소리 등으로 앉아서 듣고 있기가 민망했지만, 여러 번 듣고 나니 그 나름대로의 묘미가 있고, 그 속에 중국의 진정한 문화가 있는 듯하기도 했다.

중국의 경극은 물론 창(唱)이 중심이지만, 그 외에 과(科)라고 하는 배우들의 상징적인 행동, 백(白)이라고 하는 대사로 이루어져 있다. 얼굴에 아주 진한 분장을 하는데 이를 검보(臉譜)라고 한다. 등장인물의 성격을 나타내는 이 검보의 예술도 경극에 있어서 아주 중요하다. 인물의 성격은 검보의 색깔과 모양으로 크게 구분할 수 있다. 붉은 검보는 충의(忠義)를, 흰 검보는 교활하고 음흉한 간신을, 검은 검보는 정직하고 엄숙한 사람을, 황색 검보는 겉과 속이 다른 인물을, 청색 검보는 오만한 인물을 일반적으로 상징한다.

그리고 그들의 의상과 도구도 경극을 감상하는데 눈여겨보아야 한다. 그들의 행동은 굉장히 상징적인 것이 특징이다. 말을 탔다는 것은 털을 솔같이 붙여 만든 막대기를 들면 되고, 병사들의 깃발이 삼각형이면 군대가 1만 명, 사각형이면 10만 명을 의미하는 등 소도구에 의해서 상징적으로 표현되어 있다. 주제는 권선징악이 대부분인데, 애정극과 무협극·사회극 등 다양하며, 이들 주제들은 일반 중국민중들이 가장 관심을 가지는 분야들이다.

경극은 오랜 역사를 통해 대중들의 사랑을 받아온 장르로, 많은 중국인들이 경극의 창을 한 소절씩 부를 줄 안다. 새벽에 공원에 가보면 어떤 사람이 목청을 가다듬고 경극 창의 일부분을 부르는가 하면, 모여서 경호(京胡)를 뜯으며 부르기도 한다. 그들 경극배우는 노래와 춤, 그리고 무술과 곡예를 할 줄 알아야 한다. 경극은 보통 본다고 하지 않고 듣는다[聽戲]라고 하는데, 이는 경극에서 창(唱)이 얼마나 중요한가를 알려준다.

그러나 지금의 많은 젊은이들은 경극을 들을 줄 모른다. 또한 개혁개방 이후 서구문화가 물밀듯이 쏟아져 들어온 이후 젊은이들은 경극과 같은 중국의 전통문화에 대해서는 관심이 없고, 팝송 같은 것에만 관심이 있다. 우리가 판소리를 들으면 잘 못 알아듣듯이, 중국의 경극도 관심과 소양이 없는 일반 중국인들은 알아듣지 못한다. 그래서 경극을 보면 옆에 내용을 설명하는 자막을 걸어놓기도 한다.

경극을 진정으로 잘 감상하기 위해서는 배워야 한다. 경극의 검보·의상·도구 등등에 모두 상징이 담겨 있어, 배우지 않고는 올바르게 감상하기 힘들다. 경극은 다양한 의미가 부여된 종합예술적인 총체적 놀이문화이다. 이 경극도 문화대혁명 기간 동안 핍박을 받아 금지된 적도 있었다. 우리나라에서도 상영된 ≪패왕별희(霸王別姬)≫라는 작품에 문화대혁명 기간 동안에 경극과 경극배우들이 어떻게 핍박 받았는가 잘 묘사되어 있다.

1,917년 신문학 운동기를 전후하여 서양 연극의 영향을 받은 화극(話劇)이 등장하였다. 이는 창이 없고 대사와 사실적인 행동이 중심이 된 것으로, 주로 전통적인 유가관념에 기인한 사회모순과 유가인들의 무능, 그리고 몽매한 중국인들을 계몽화 시키는데 적지 않은 공헌을 하였다. 이후 좌파시기부터는 화극의 민중교육적 기능을 중시하여, 화극을 당의 이념을 전파시키는 수단으로 대대적으로 보급하였다. 그러나 중국인들은 화극의 교육적 기능만을 중시하였을 뿐, 화극에서 중국인들의 몸에 맞는 오락적 기능을 찾지 못하였다. 이때에도 민중들의 오락적 기능은 화극이 아니라 전통적으로 전해 내려온 경극이 담당했다.

모택동 자신도 초나라 왕인 항우가 한의 유방에게 패하고 해하(垓下)에 포위당해 우희(虞姬)와 함께 죽는다는 내용으로 된 경극 ≪패왕별희(霸王別姬)≫, 신선이 된 뱀이 아름다운 처녀가 되어 허선이라는 젊은이를 지극히 사랑한다는 ≪백사전(白蛇傳)≫, 삼국지에 나오는 제갈량이 위군(魏軍)의 공격을 막을 군대가 없자 성문을 활짝 열고 성루에서 퉁소를 불어 적이 오히려 복병이 있다고 믿도록 하여 퇴각시켰다는 ≪공성계(空城計)≫ 등을 즐겨 관람하였고, 자신 또한 몇 가지 창(唱)을 하기도 했다. 경극은 음악·미술·무용·무술 등등이 합쳐진 중국의 대표적인 민중 종합예술이라고 할 수 있다.

이밖에 중국인들이 즐기는 전통 오락놀이로 창(唱), 시를 읊는 염(念), 서커스 같은 잡기 등을 들 수 있다. 그러나 개혁 개방 이후 이것보다 노래 부르고 춤추며 술 마시는 가라오케나 가무청(歌舞廳) 야총회(夜總會)가 크게 성행하고 있다.

〈항우 검보로 분장한 경극배우의 모습〉

18. 중국의 관광과 문화유적지

1) 중국의 명산

중국의 5대 명산인 오악(五岳)은 중원[황하 중류 평원지대]을 중심으로 동 서 남 북 중앙에 자리 잡고 있는 절경의 산들로, 고대 중국의 천자들이 이 오악을 여러 신들이 거주하는 곳이라고 믿고, 이곳에서 봉선(封禪: 천자가 하늘과 산천에 제사지내는 것)의 성대한 의식을 치렀다. 오악이란 동악인 태산(泰山), 서악인 화산(華山), 남악인 형산(衡山), 북악인 항산(恒山), 중악인 숭산(嵩山)을 일컫는다. 오악의 명성은 요순시대까지 거슬러 올라간다. 그 때 사악(四岳)을 관리하는 사람이 있었는데, 사악이란 동서남북의 4개의 산을 주관하는 관리의 명칭이었으며, 천자가 순시를 할 때 그 관리가 돌보는 산에 봉화를 올려 그 신호로 주변에 있는 제후들을 소집하였다. 그리하여 최초로 신호에 사용된 몇 개의 산들은 성회(省會)가 열리는 악관(岳官)의 수부(首府)가 되었다. 순임금 때부터 악관의 명칭과 이러한 명산들의 이름이 통일되기 시작하였다.

이 가운데 동악인 태산은 가장 유명한데, 산동성 태안현(泰安縣)의 북쪽에 위치하고 있다. 옥황산(玉皇山)·대종(岱宗)·태중산(泰中山)·태악

(泰岳)이라고도 불리는데, 해발 1,524미터로 실제로는 그리 높지 않으나, 산동성 중부의 평야지대에 있어 높아 보이고 또한 오르기도 힘든다. 중국인들이 오악의 우두머리로 치며 '천하제일산'이라고 부른다. 태산산맥의 주봉으로 중국인들이 가장 숭배하는 신앙의 대상이 되는 영산이었다. 역대의 천자 중 큰 공을 이루게 되면 홀로 이 태산에 올라가 그 아버지 천(天)에게 제천(祭天)의식과 고천(告天)의식을 거행하였다. 산기슭의 사당·비석·조각품·고건축물 다수와 벽하사(碧霞寺) 등 무수한 문물의 보고를 가지고 있다. 벽하사는 금속부재·토목·벽돌을 융합하여 만든 특수한 건축물이다. 기슭의 대종방(垈宗坊)에서 남천문(南天門)까지 7천여 단의 돌계단이 이어져 있는데, 옛날에는 이곳을 오르기가 매우 힘들었다고 한다. 이렇게 태산에 올라 아침 해를 맞이하면 3년은 더 산다고 하여 지금도 아침 해를 맞이하기 위하여 한밤에 태산에 오르는 중국인들이 적지 않다. 지금은 관광객을 위하

〈산동성에 있는 천하명산인 태산의 모습. 중국황제들이 이곳에 올라 하늘에 제사지냈다.〉

여 중천문(中天門)까지 케이블카가 설치되어 쉽게 태산에 오를 수 있다. 태산에 오르면 산동성 중부평야가 훤하게 내려다 보여 "태산에 오르니 천하의 작음을 알겠도다."라고 한 말이 실감난다.

황산(黃山)은 세계적인 산악 풍경지역으로 안휘성 남부에 위치하고 있으며, 둘레가 500여㎞에 달하는 아름다운 산이다. 예전에는 세 신선들의 도읍이라는 뜻인 삼천자도(三天子都)라고 불렀는데, 이는 신선들이 모여 살았다고 한 3대 최고 봉우리인 연화봉(蓮花峰)·광명정(光明頂)·천도봉(天都峰)에서 연원된 명칭이다. 그러다가 당 현종 때 지금의 이름인 황산이라고 했다. 명나라 여행가 서하(徐霞)는 중국의 여러 명산과 황산을 돌아본 뒤, "오악에서 돌아오면 산이 보이지 않지만, 황산에서 돌아오면 산악이 보이지 않는다."라고 황산의 아름다움을 극찬하였다. 지금도 많은 화가들이 이 황산에 들러 그림을 그리고 있다. 황산은 1,985년 중국 10대 명승지로 지정되었고, '천하 제일의 기묘한 산'이라 하여 4가지 기묘함이 황산 자연경관의 요소로 불리고 있다. 그 첫째 기묘함이란 산봉우리의 기묘함을 말하는데 1천 미터 이상의 봉우리가 모두 72개이고, 그 가운데 앞에서 말한 3대 봉우리는 우뚝 솟아 있고 나머지는 들쑥날쑥 높낮이가 심하여 아주 빼어난 경관이다. 깎아지른듯이 높은 준령과 구름을 휘두르며 버티고 선 첩첩한 산봉우리는 그 모습이 매우 웅대하다. 두 번째 기묘함이란 가파르게 깎아지른 절벽과 낭떠러지, 갖가지 모양의 바위와 숲 등을 들 수 있다. 세 번째 기묘함이란 소나무의 기묘함이다. 천차만별의 모양을 하고 있는 황산의 소나무 가운데 가장 유명한 것은 10대 소나무이다. 그 가운데 '손님을 맞이하는 소나무' 영객송(迎客松)과 '손님을 배웅하는 소나무' 송객송(送客松) 가운데는 수령이 1,500여 년이 넘는 소나무도 적지 않다. 소나무는 그 모습이 손님을 맞고 보내는 꿋꿋한 의지와 열정의 상징처럼 보인다. 네 번째로 구름의 기묘함인데, 연중 2백일 이상 안개구름이 황산을 덮고 있어 그 모습이 장관이다. 운해는 북해·동해·서해·천해(天海)·전해(前海)로 나누어지는데, 이 구름들이 한 곳에 모였다 흩어졌다 하며 오르락내리락 표표히 흐르는 모습은 그야말로 바다의 일렁임처럼 신비롭고 아름답기 그지없다. 황산의 유명 풍치지구는 400여 곳에 이르는데, 지금 그 가운데 반도 개발되지 않았다. 6개 관람지구와 5개 풍경보호지구로 나누어져 있다. 관람지구는 온천·옥병루(玉屛樓)·북해(北海)·운곡사(雲谷寺)·송곡암(松谷庵)·조교암(釣橋庵)이며, 풍경 보호지구는 부계(浮溪)·양호(洋湖)·복고사(福固寺)·조니관(鳥泥關) 지역 등이다. 이 외에도 온천·호수·바위·동굴·연못·동식물 등 기묘한 볼거리가 풍부하다.

계림(桂林)은 중국 남서부지역으로, 카르스트 지형이 가장 풍부하고 집중적으로 발달된 지역이다. 이곳에는 오랫동안 풍수에 깎이고 깎여 수려하고 독특한 카르스트 지형이 형성되었다. 특히 강 주위의 산 절벽과 동굴은 특이하고 아름답다. 계림의 아름다움은 산·물·동굴에서 찾을 수 있는데, 이것을 일컬어 계림삼절(桂林三絶)이라고 부른다. 계림산수는 북쪽 흥안(興安)에서 남쪽의 양삭(陽朔)까지 2백여 리에 걸쳐 있는데, 가장 절경을 이루는 곳은 이강(漓江)을 비롯한 노적암(蘆笛岩)·칠성암(七星岩)의 두 동굴과 첩채산(疊彩山)·복파산(伏波山)·독수봉(獨秀峰)의 세 산이다. 계림의 수많은 바위동굴에 대해 "동굴 없는 산이 없으며, 신기하지 않은 동굴이 없다."고들 한다. 또 산은 평지에서 우뚝 솟아 그 모습이 가파르고 험준한데다 검푸른 색깔 때문에 마치 벽옥과 같다. 이 외에도 상비산(象鼻山)·남계산(南溪山)·보적암(寶積

岩)·증피암(甑皮岩)의 동굴유적, 왕성(王城)·고남문(古南門)·정강왕묘(靖江王墓) 등 유명유적지가 많으며, 부근의 오래된 운하인 영거(靈渠)·화평(花坪) 자연보호구역, 용승(龍勝)의 계단식 밭 등 유명 풍광지역이 적지 않다. 이 중 이강(漓江)은 계림과 양삭을 돌아 오주(梧州)에서 서강(西江)으로 흐른다. 물빛이 청록으로 투명하며 구불구불 맴돌아 흐르는 계림에서 양삭까지는 기암 봉우리가 첩첩하고 산과 물이 어우러져 절경을 이룬다. 길고 무성하게 자란 대나무숲과 비단처럼 흐르는 물줄기의 아름다움으로 인해 중국인들은 옛부터 "계림의 산수는 천하의 제일이요, 양삭의 산수는 계림의 제일이다."라고 칭찬했다. 노적암(蘆笛岩)은 계림시의 서북쪽 가까이 위치한 광명산(光明山) 남쪽에 있다. 바위 아래에 있는 240미터 깊이의 동굴은 구불구불 맴도는 그 내부가 웅장하고 아름답다. 대량의 천연 종유석이 마치 원시림을 이룬 듯하여, 이 동굴은 '대자연 예술의 궁전'이라는 명성을 얻고 있다. 칠성암(七星岩)은 동쪽에 있는 보타산(普陀山) 서쪽 산허리에 위치한다. 약 1천 미터 정도의 계림 최대의 바위동굴이다. 돌기둥과 종유석이 다양하게 발달하여 석순과 석화(石花)가 즐비하다. 첩채산(疊彩山)은 시내를 가로질러 북쪽에 치우쳐 있는데, 겹겹이 가로로 나누어진 모양이 층마다 색채가 달라 첩채산이라고 불리게 되었다. 최고봉 명월봉(明月峰)은 223미터이다. 정상에 첩채루(疊彩樓)와 영풍루(迎風樓)·앙지당(仰止堂)·첩채정(疊彩亭)·일권정(一拳亭)·나운정(拿雲亭)·망강정(望江亭) 등이 있다. 산 속에는 새로 계수나무 숲을 조성하여 입추 때면 그 향이 사방으로 넘친다. 산 중턱에는 사람들이 통과할 수 있는 풍동(風洞)이라는 터널이 있다. 산 정상에서 바라보는 이강(漓江)의 경치는 일품이다. 복파산(伏波山)은 시내의 복파문 밖 이강 근처에 있다. 이 산은 길이 아주 험하여 흐르던 강물도 막힐 정도이고, 이 때문에 깊은 연못이 많이 생겨나 복파산이라고 한다. 정상에는 임강각(臨江閣)·회랑·찻집이 있다. 독수봉(獨秀峰)은 남천(南天)의 기둥이라고 불리는데, 유독 홀로 솟아 있으므로 네 곳의 낭떠러지가 모두 깎아놓은 듯 가파르다. 서록(西麓)에서 산에 오르면 306개의 돌계단을 지나야 정상인 남천문(南天門)에 올라 멀리 구름 덮인 산을 바라보면 계림의 전경이 한눈에 들어온다. 산기슭의 수많은 바위동굴과 석각이 볼거리이다.

2) 중국의 궁궐

궁궐로는 단연 고궁박물원이라고 개칭한 자금성(紫禁城)을 들 수 있다. 이 자금성은 명 청대 양 조대를 걸쳐 24명의 황제가 5백여 년에 걸쳐 거처하고 집무를 보던 궁궐로 북경의 중심에 위치해 있다. 영화 ≪마지막 황제≫의 배경으로 우리에게 널리 알려져 있는데, 북경을 관광하는 사람은 누구나 할 것 없이 팔달령 만리장성과 더불어 반드시 관람하는 곳이다. 중국 고대 건축예술 전통과 풍격의 독특함을 갖추고 있는데, 72만㎡의 면적에 방이 9,999칸이며 건축면적이 약 15만㎡에 달한다. 자금성 안에서 가장 웅장한 건축물은 삼대전(三大殿), 즉 태화전(太和殿) 중화전(中和殿)과 보화전(保和殿)이다. 매 대전 모두 한나라 백옥(白玉)을 갈아 만든 8미터 높이의 평태상(平台上)에 건립되었다. 대는 3층으로 나누어져 있는데, 매 층마다 모두 한나라 백옥난간으로 둘러져 있다. 태화전은 가장 웅장한 건축으로 장엄 엄숙한데, 그 곳은 황제가 대전(大典)을 거행하던 곳이다. 삼대전을 지나 건청문(乾淸門)으로 들어가면 곧 내정(內廷)이다. 내정은 황제가 사생활을 하던 곳이다.

이에 반해 외정(外廷)은 황제가 정치를 하며 집무를 보던 곳이다. 이 내정에서의 주요 건축은 건청궁(乾清宮)·교태전(交泰殿)·곤녕궁(坤寧宮)으로, 그것들의 양쪽에는 동육궁(東六宮)과 서육궁(西六宮)이 있는데, 이곳은 비빈들이 거주하던 곳으로, 사람들이 말하는 삼궁육원(三宮六院)이란 바로 이곳을 이르는 말이다. 곤녕궁을 지나면 곧 어화원(御花園)이다. 이 곳은 황제와 궁녀들이 꽃과 나무를 감상하던 곳인데, 이곳에는 곳곳에 누(樓)·대(台)·정(亭)·각(閣)이 있고, 기화요초가 활짝 피어 사람들을 도취케 만든다. 자금성의 벽돌과 기와는 황색의 것만 사용하고 있는데, 이는 용과 더불어 황색은 중국에서 황제만을 상징하기 때문이다. 자금성은 중화민족의 진기한 문화유산이며, 고대 건축예술의 정화이다. 궁궐 내에 역대 예술진품들이 진열되어 있다.

이 자금성 앞에 있는 것이 100만 명 수용 규모인 세계 최대의 광장인 천안문(天安門) 광장이다. 이 천안문 광장은 중국의 얼굴이라고 할 수 있는 곳으로, 근 현대의 중요한 역사적 사건이 이곳을 중심으로 일

〈명 청대 황제의 궁궐인 자금성의 모습〉

어났고, 이 주변에 중요한 건물들이 많이 들어서 있다. 자금성을 둘러싸고 있는 황성의 정문을 천안문, 자금성의 정문을 오문(午門)이라고 한다. 천안문은 명대 승천문(承天門)이라고 했던 것이 청 세조(世祖) 때에 지금의 천안문이라는 이름으로 바꾸었다. 천안문에는 아치 모양으로 된 5개 통로가 있는데 그 자체가 하나의 거대한 궁전이다. 이 천안문은 명·청대 황제들이 백성들에게 조서(詔書)를 발표하던 곳이다. 1,900년 의화단사건 때에는 천안문의 바로 코앞에서 전쟁의 불길이 일었고, 1,919년의 5.4운동 때에는 북경의 애국적인 학생과 지식인들이 일본의 21개조 요구에 굴복한 군벌정부에 대한 반대운동을 여기에서 시작하였다. 1,949년 10월 1일 모택동에 의해 중화인민공화국이 전세계에 선포된 곳도 바로 이곳이다. 모택동이 100만 명의 홍위병(紅衛兵)을 사열한 곳도 이곳이며, 1,976년 4월 청명절에 사망한 주은래 총리에게 화환을 바치면서 시작한 제 1차 천안문사태의 발생지도 바로 이 곳이다. 또한 1,989년 6·4 천안문 민주화운동이 일어나 군에 의하여 무참히 짓밟힌 곳도 바로 이곳이다. 천안문 광장은 정치의 중심지로 중국에서는 미묘한 사건이 일어날 때마다 북경대와 이 곳에 대한 공안의 감시가 심했다. 중앙에는 인민기념영웅비가 서 있고, 동쪽에는 중국역사박물관과 중국혁명박물관, 남쪽에는 모주석 기념당과 더 나가 정양문(正陽門)이 위치해 있으며, 서쪽에는 인민대회당이 자리 잡고 있다. 인민영웅기념비는 36m 높이의 백옥 오벨리스크로 이루어진 것으로, "인민의 영웅은 영원불멸하다."라는 모택동의 글씨가 있고, 뒤쪽에는 주은래의 글씨가 새겨져 있다. 대좌(臺座) 둘레에는 아편전쟁 이후 중국의 역사적 사건을 부조해 놓았다. 이 탑은 아편전쟁 이후 제국주의 열강의 침략에 대항하여 싸운 투사들의 공적을 기리기 위하여 세운 것으로, 89년 6 · 4 민주화운동 때 학생 지도부들이 이 곳을 중심으로 활약하였다.

중국역사박물관은 원시시대부터 1,919년까지의 인류발달사에 관한 유물을 전시한 곳으로, 중국 역사에 관한 최고의 박물관이다. 약 9천건의 문헌자료를 소장하고 있는데, 원시·노예·봉건·반식민지·반봉건사회의 부분으로 나누어 전시하고 있다. 혁명박물관은 1,919년 이후 1,949년 중국 수립까지의 중국혁명의 역사를 공산당 창건, 1차 국공내전, 2차 국공내전, 항일전쟁, 3차 국공내전 등 5구역으로 나누어 전시하고 있다. 모주석 기념당은 모택동 서거 1주년 때에 세운 건물로 모택동 시신이 수정관 속에 안치되어 있다. 이 외에 모택동을 비롯하여 주은래·주덕(朱德)·유소기(劉少奇) 등 4인의 중국 최고 혁명가에 대한 전시물이 전시되어 있다. 인민대회당은 국회의사당과 같은 곳으로 1만석 규모의 대회의장, 27개 성과 자치구의 이름을 딴 넓은 방들이 있는 중국 최대의 건물로 전국인민대표대회가 열리고 정부의 대집회회의장으로 이용하며 연회장소로 대여하기도 한다. 외국수반 등 국가급 손님이 올 때 이 앞에서 기념식을 거행한다. 천안문과 오문 사이에는 중산공원(中山公園)과 노동인민문화궁이 있다. 중산공원은 원래 중앙공원이라고 하였다가 1,914년 손문의 관을 안치하면서부터 그 아호를 따서 중산공원이라고 했다. 명·청시대에 토지와 오곡신에게 제사드리는 사직단(社稷壇)이 있고, 노신(魯迅)이 좋아했다는 레스토랑이 있어 조용히 쉴 수 있는 아름다운 공원이다. 노동인민문화궁은 명청시대에 황실의 종묘였으나 1,950년 노동절 이후 일반에게 개방되었다. 전형적인 명대 건축물로 중요인물이 사망할 때 이곳에서 추도집회를 갖는다. 지금은 영화관·운동장·도서관·극장 등 노동인민을 위한 오락시설이 있다.

심양고궁(沈陽古宮)은 요녕성 심양시에 있는데 청 태조 누루하치와 청 태종의 황궁이었다. 후금(后金)시대인 1,625년에 건축하기 시작하여 11년 만에 완성하였다. 남쪽 정 중앙에 대청문(大淸門)이 있고, 좌우에 비용각(飛龍閣)·상봉각(翔鳳閣)이 있으며, 중앙에 숭정전(崇政殿)이 있다. 이 궁궐은 만주족의 양식이 잘 표현되어 있으며, 안에 청대 역사문물 전람관과 공예품 전람관이 있다.

3) 중국의 정원문화

중국의 관광지를 돌아본 사람들은 누구나 중국에 정원문화가 발달하였음을 느낄 수 있다. 북경의 이화원(頤和園)·원명원(圓明園)·북해공원(北海公園)과 상해의 예원(豫園)·승덕(承德)의 피서산장(避署山莊), 소주(蘇州)의 졸정원(拙政園)과 유원(留園) 등 곳곳에 황제나 귀족들을 위한 정원이 있다. 요즘에는 일반 인민들을 위한 공원도 곳곳에 만들어져 있다. 또한 이 정원 안에는 대부분 호수가 있는 것이 특징이고, 또한 그 정원 안에 산이 있는 경우도 있지만, 산이 없는 경우에는 인공으로 오밀조밀하고 조그마한 인공산을 만들어놓는다. 산과 호수·수풀로 이루어진 것이 중국의 정원인데, 특히 호수는 반드시 있어 중국인들의 자연관을 어느 정도 보아낼 수 있다. 옛 중국인들이 얼마나 기암괴석이 흩어져 있는 호숫가를 거닐며 즐겼는가를 알 수 있다.

북경대 청화대가 있는 북경 해정구(海定區)는 온통 황제와 귀족들의 정원으로 이루어져 있었다. 이화원·원명원이 있을 뿐 아니라, 조원(刁園)·창춘원(暢春園) 등 수많은 정원으로 이루어진 지역이었다. 중국의

4대 명원(名園)으로는 북경의 이화원, 승덕의 피서산장 소주의 졸정원과 유원을 든다.

이화원은 북경시 서북 근교에 위치해 있는데, 북경대학으로부터 그리 멀리 떨어져 있지 않다. 외국 관광객들이 자금성과 더불어 반드시 들르는 곳이다. 자희태후(慈禧太后:1835-1908)의 피서행궁으로 사용되었다가, 1,924년 자금성에서 쫓겨 나온 마지막 황제 부의(傅儀)의 도피공원이 되었다. 전체면적은 290ha이고 건축규모가 웅대하여 중국 고전조경의 우수한 표본이다. 전체면적의 4분의 3을 차지하는 곤명호(昆明湖)는 인공호로서 출렁이는 푸른 물결이 인공산인 만수산(萬壽山)의 푸른 산 빛과 어우러져 아름답게 조화를 이루고 있다. 만수산에는 여러 건축물이 있는데, 운전(雲殿)·불향각(佛香閣)·해취원(該趣園)과 돌로 만든 배인 청안방(淸晏舫)이 볼거리이다. 호수 주위를 둘러싼 728미터의 긴 복도인 장랑(長廊)이 특히 유명한데, 이 장랑의 대들보 위에 걸린 8천여 폭의 수채화 또한 명물이다. 만수산에 오르면 곤명호를 따라 누

〈황실의 정원인 이화원에 있는 다리〉

각·누대가 펼쳐지고, 공원 안에는 현존하는 최대의 구리정자, 구리기린과 구리소 등 진귀한 건축물과 예술품이 많다. 옛날에 황제와 귀족들의 놀이터였던 곳이 지금은 일반 관광객들로 붐비는 대표적인 공원이 되었다.

승덕의 피서산장은 현존하는 중국의 가장 큰 황제정원으로, 청나라 황제가 피서와 더불어 사냥과 무예시합, 상류층과 소수민족 인사의 접견까지 치르던 곳이었다. 산장의 면적은 564㎢로 북경 이화원의 2배인데, 승덕시의 거의 반에 해당한다. 또한 10,400미터의 긴 담장으로 둘러싸여 있는데 중국에서 가장 길다. 이 산장은 청나라 강희제부터 짓기 시작하여 건륭제 때 완성되었다. 내부에 100여 개의 건축물이 있는데, 궁전지역과 동산지역으로 나뉜다. 동산지역에는 호수·평원·산의 구역으로 나눌 수 있으며, 세계에서 가장 짧은 하천인 동시에 겨울에도 더운 물이 흐르는 열하(熱河)가 있다. 조선시대 박지원이 이곳을 지나가며 쓴 것이 바로 ≪열하일기≫이다. 강희제는 동산 안에 36곳의 경치를 꾸몄고 건륭제는 다시 36곳을 더 꾸며, 피서산장 안에는 아름다운 풍광으로 유명한 곳이 72군데 있다. 또한 산장 밖 산악지대에는 각종 사원이 11곳 있었다고 하는데, 현존하는 사원은 8곳이다. 이를 외팔묘(外八廟)라고 부르는데, 당시 청은 이민족을 무마하고 각 민족들을 단결시키는 차원에서 각 이민족들이 믿는 종교사원을 건축하게 한 것인데, 지금 남아 있는 것들은 당시 중국 사원의 축소판이며, 현재 중국에서 보존되고 있는 최대의 사찰 건축물들이다. 또한 중국 최대 목조불상도 여기에 있다.

졸정원은 소주의 4대 명원(名園) 가운데 가장 크다. 면적이 4ha로 명대에 건축하기 시작했다. 전체 면적의 상당수를 차지하는 호수에는 산 그림자가 비친다. 정자·누각·대(臺) 등이 서로 마주하여 물가에 서 있어 자못 산뜻하고 우아한 점이 소박하게 자연을 나타내는 명대의 조경품격을 갖추고 있다. 원향당(遠香堂)을 위주로 하여, 산과 바위·연못·수목 등이 조화롭고, 원향당의 서쪽에 있는 소비홍(小飛虹)은 이곳 숲에 있는 낭교(廊橋)로서 소창랑(小滄浪)과 통한다. 물 속에 건축한 견산루(見山樓)와 고대 관청의 선박처럼 생긴 향주(香洲), 또 명대 화가인 문징명(文徵明)이 그림을 그린 곳이라고 전하는 옥란당(玉蘭堂)이 있고, 그 외 수많은 누각과 정자가 어우러져 있다.

유원 역시 소주의 4대 명원 가운데 하나이고, 청대의 대표적인 조경건축물이며, 소주의 가장 유명한 공원이라는 명성을 얻고 있다. 면적은 3.3ha로서 명대 건축하기 시작하여 청대 확장 재건축하였다. 정원의 구조가 정교하고도 변화가 많아 소박한 졸정원과는 대조를 이룬다. 이 때문에 두 정원의 풍광은 소주 정원의 양절(兩絶)이라고 불린다. 유원의 서쪽에는 인공산이 많고 북쪽에는 전원풍광이 물씬 풍기며 가운데와 동쪽은 많은 건축물이 자리 잡고 있다. 건축물들의 정교함이 정원조경의 풍취를 더하고 있다. 그 가운데 웅장한 오봉선관(五峯仙館)은 강남의 전형적인 건축물이다. 앞의 첩첩한 봉우리는 오악(五岳)을 상징하고, 뒤쪽으로 색다르게 꾸민 들의 정취가 아름답다. 또한 원앙청(鴛鴦廳)은 중국 고전적인 대청 건축물의 정화이다. 남목청의 북쪽에는 유원의 세 봉우리가 있다. 그 가운데 높이가 9미터인 최고봉은 북송시대의 화석강(花石綱) 유물이며, 강남 최대의 호수석(湖石)이기도 하다. 주름 많고 메마른 이 호수석은 물이 스며드는 특징이 있다. 산수가 어우러진 이 정원은 구불구불 깊어진 산림의 정취가 특별히 아름답다. 특히 요소를 연결하고 있는 1천 미터의 굽이진 복도를 따라 걸을 때면 다양하게 변화하는 주변경치가 일품이다.

북해공원(北海公園)은 북경 고궁의 서북쪽에 위치한 역대 황제들의 황실공원. 71만㎡의 총면적에 호수면적이 39만㎡로 그 규모를 짐작할 수 있다. 옛 황실정원 가운데 가장 완벽하게 보존되어 있으며 요나라부터 시작한 9백년간의 긴 역사를 자랑한다. 호수 안의 인공섬인 경도(瓊島)에는 티벳식의 아름다운 백탑(白塔)이 솟아 있는데, 이 탑은 북해공원의 상징으로 높이가 35.9m에 달한다. 백탑 부근의 방선반장(倣膳飯莊)은 청조 궁중요리를 잇는 레스토랑이다. 호수 북쪽에 있는 구룡벽(九龍壁)은 9마리 용이 꿈틀대는 아름다운 벽으로 424개의 채색 벽돌로 만들어져 있다. 공원 정문 왼쪽의 단성(團城)은 원성(圓城)이라고도 하고, 단성 내의 승광전(承光殿)에는 한 덩어리로 된 1.6m의 옥불(玉佛)이 있다. 중해(中海)와 남해(南海)는 중국 중앙 지도부들이 거처하는 곳으로 출입이 엄격하게 금지되어 있다.

원명원(圓明園)은 청 옹정제부터 150년에 걸쳐 조성된 이화원보다 큰 별궁(別宮)으로 현재는 이화원과 후에 만든 장춘원(長春園) 만춘원(萬春園)을 합쳐 부르고 있다. 여기에는 베르사이유 궁전을 본떠 만든 해안당(海晏堂)과 왕자와 공주, 그리고 궁녀들이 술래잡기를 한 곳으로 역시 유명하다. 원명원은 2차 아편전쟁 중 영불연합군의 침공으로 폐허가 된 채 황량해졌는데, 그 당시 제국주의에 침략 당한 역사적 사실을 인민들에게 알리는 산 교육장으로 만들기 위해 그대로 방치해 두고 있다. 서양루(西洋樓) 유적지에는 서양풍의 멋진 조각기둥이 남아 있고, 또한 원명원 뒤에는 더 넓은 호수가 있어 경치가 빼어나다. 또한 이 안에는 제국주의 침략사를 알려주는 전시관과 영화관람관이 있다.

서호(西湖)는 장강 유역에서 가장 경치가 빼어난 항주(杭州)에 있다.

중국인들이 “위에는 천당이 있고, 아래에는 소주·항주가 있다.”라고 할 정도로 소주와 더불어 항주는 경치가 빼어나다. 항주 경치에서 서호를 빼버린다면 설명이 되지 않는다. 서호는 항주성 서쪽에 있기 때문에 붙여진 이름이지만, 어떤 경우에는 서자호(西子湖) 혹은 서시호(西施湖)라고도 부른다. 서시는 전국시대 여인으로 항주가 낳은 최고의 미인이다. 이 지역은 물이 좋아 중국에서도 미인이 많기로 유명하다. 그래서 “소주 항주가 미인을 배출한다(蘇杭出美女)”는 말이 있다. 서호의 풍경은 정말 서시에 비교될 정도로 아름다우며 남방 풍경의 백미라고 할 수 있다. 백거이(白居易)가 축조한 백제(白堤)와 소동파(蘇東坡)가 축조한 소제(蘇堤)라는 제방과 석함교(石函橋)·평호추월정(平湖推月亭)·호심정(湖心亭)·삼담인월(三潭印月), 그리고 사고전서를 소장하고 있는 문란각(文瀾閣)과 보숙탑(保俶塔)·뇌봉탑(雷峰塔) 등 경치가 빼어나지 않는 곳이 없다. 낮은 낮대로 아름답고 밤에 보는 서호는 그대로 아름답다. 달이 떠 있는 서호는 정말로 아름답다. 꽃피는 봄은 봄대로, 비 오는 여름은 여름대로, 낙엽 지는 가을은 가을대로, 눈 내리는 겨울은 겨울대로 풍광이 아름답다. 이곳에서 귀족들은 각 계절에 따른 강남의 아름다운 풍광을 배경으로 서호에서 기녀들과 함께 노닐었다.

중국 북방의 정원보다 양자강 유역의 남방 정원이 훨씬 아담하고 아기자기하며 여성적이고 예술적이라고 할 수 있다. 그리고 이 남방의 정원은 주로 남방 귀족들이 주로 이용하였다. 그러나 북방의 정원은 대체로 크고 웅장하며 그 이용자는 황제와 그 측근, 그리고 궁녀들이었다. 대체로 정원문화는 귀족문화와 기녀문화가 활짝 꽃핀 남방지역에서 많이 발달하였다. 소주·항주·상해·남경 등등의 양자강 중 하류지역에 정원이 많이 있다.

4) 중국의 능문화

명십삼릉(明十三陵)은 북경 서북쪽 50㎞ 거리에 명 3대 영락제부터 마지막 숭정황제 때까지 230여 년에 걸쳐 건조한 13개의 무덤이 40㎢의 면적을 차지하고 있다. 이 중 정릉(定陵)과 장릉(長陵)만이 공개되어 있다. 녹음 짙은 천수산(天壽山) 비탈에 자리 잡고 있으며, 대리석으로 된 패루(牌樓) 입구인 대홍문(大紅門)과 비정(碑亭)이 있고, 사자·기린·해태 등 24개 돌짐승이 있다. 영락제의 능인 장릉은 그 가운데 가장 크고 오랜 능으로 지하궁전은 아직 손을 대지 않은 상태지만, 만력제(萬曆帝)의 능으로 3번째로 큰 규모이며 정교한 공정이 단연 앞서는 정릉은 견학할 수 있다. 정릉은 2년간의 국고를 탕진하여 6년간에 걸쳐 지어진 20m 깊이의 화려한 궁전이 있는 능으로 흰 대리석과 옥좌·황색 유리기와·부장품 등으로 장식되어 있다. 이 능을 발견하는데 단서가 된 돌비석은 왕관·옷·금·은·옥 등의 보석들과 함께 정릉 박물관에 전시되어 있다. 지하궁전은 전전(前殿)과 보좌(寶座)가 있는 제 2실, 그리고 두 황후의 관과 함께 왕의 관이 안치된 후전(後殿)으로 구성되어 있다.

소릉(昭陵)은 심양 북쪽에 자리 잡고 있는 대규모의 공원인 북릉공원(北陵公園) 안에 있다. 이 능은 청의 2대 황제인 태종 부부의 묘이다. 청은 1,643년에 조성하기 시작해 1,651년에 완성하였다. 공원 내 능도(陵道) 양쪽에는 북경의 명십삼릉과 남경의 명효릉(明孝陵)에 있는 것과 비슷한 코끼리·말·기린·사자 등의 석상이 있다. 소릉 앞에는 황색 유리기와로 된 아름다운 전각건물이 늘어서 있으며 맞은편에 소산(小山)의 능이 있다. 노인절인 8월 15일이면 조선족들이 이 곳에 모여 기념행사를 한다.

복릉(福陵)은 청 태조 누루하치 황후의 무덤으로 심양의 동북부 구릉지대에 있는 동릉공원(東陵公園) 내에 있다. 공원 안에는 노송이 하늘을 찌를 듯이 서 있고, 풀이 무성하게 땅을 덮고 있다. 길 양쪽에는 화표(華表)와 낙타·사자·호랑이, 말 따위의 석상이 마주 보고 서 있다.

산동성 곡부는 유가 창시자 공자의 고향이다. 여기에는 이른바 삼공(三孔)이라고 하는 공묘(孔廟)·공부(孔府)·공림(孔林)이 있다. 공묘는 공자를 제사지내는 사당으로 엄숙하고 중후한 분위기를 느낄 수 있다. 공묘는 공자 사후 2년 뒤인 노(魯) 애공(哀公)이 지었으나, 전한 이후 유가가 지배사상이 된 이후 역대 제왕들에 의해 그 규모가 넓혀졌다. 현재 건물은 대부분 명대의 것으로, 이 가운데 규문각(奎文閣)은 가장 오래된 건물로 1,018년 장서루(藏書樓)란 이름으로 창건했다가 1,191년 중건하며 지금의 이름으로 바꾸었다. 공묘의 본전인 대성전(大成殿)은 1,103년 창건되고 1,499년 중건되었는데 특히 용조각이 유명하며 황금색 기와를 사용하고 있다. 용과 황금색은 황제만이 시용할 수 있는 것인데, 역대 황제들이 공자를 황제의 지위를 가진 것으로 취급하여 대성전에 용조각과 황금색을 사용할 수 있도록 허락한 것이다. 또한 13개의 정자에 세워진 53개의 역대 비석(碑石)으로 이루어진 십삼비정(十三碑亭)이 있고, 이 외에도 공자를 찬양한 수많은 비석이 존재한다. 이 가운데 문화대혁명 기간 중 홍위병에 의해 파손된 비석도 적지 않다.

공묘의 동쪽에 공부(孔府)가 있는데, 이 곳은 공자의 후손들이 살던 곳이다. 전한 원제(元帝) 때 공자 13대 손인 공패(孔霸)가 관내후(關內侯)

에 책봉되어 식읍 800호, 황금 200근, 집 한 채를 받았는데, 이 때 받은 택지를 후에 차츰차츰 넓혀 지금의 공부가 되었다. 공부는 중로(中路)·동로(東路)·서로(西路)의 3 부분으로 나뉘는데, 중로는 공식행사를 거행하는 장소였고, 동로는 개인 사생활의 장소이며, 서로는 응접과 교양생활의 장소였다.

공씨 집안의 집단무덤인 공림(孔林)에서 공자의 무덤은 가운데쯤에 있다. 공자의 묘비명에는 '대성지성문선왕묘(大成至聖文宣王墓)'라고 적혀 있고, 맞은편에는 공자의 아들 공리(孔鯉)의 무덤이 사수후묘(泗水侯廟)라는 묘비명과 함께 있으며, 앞에는 '기국술성공묘(沂國述聖公墓)'가 있는데 이는 공자의 손자인 자사(子思)의 묘이다. 또한 공자의 묘 맞은편 왼쪽에는 공자의 제자이며 공자에게 경제적인 원조를 한 자공(子貢)의 묘가 있다.

〈산동성 곡부에 있는 공자의 사당인 공묘의 모습〉

중국의 국부 손문의 묘인 중산릉(中山陵)은 남경의 외곽 종산(鍾山) 기슭에 위치해 있다. 손문은 1,925년 3월 12일 북경에서 사망했지만, 그 유해는 장개석에 의해 지금의 장소로 옮겨져 안치되었다. 청을 타도하고 중화민국을 세운 그는 근대혁명을 연 인물로 대륙인·대만인을 막론하고 존경해 마지않는 인물로 되어 있다. 중산릉은 중국 전통적인 양식에 서양적인 요소가 가미되어 있다.

같은 산기슭에 명 태조 주원장의 묘인 효릉(孝陵)이 있다. 이 효릉에는 굉장한 전루(殿樓)가 건립되었지만, 태평천국의 난 때 파괴되어 지금은 6장군(六將軍)과 4문관(四文官)의 석인(石人)과 말·사자·낙타·해태·코끼리·기린들의 돌조각이 있다. 북경 근교의 명십삼릉에 비교해 이 곳에는 명대의 한 황제의 묘만 있어 쓸쓸한 기분을 금할 수 없다.

진시황 병마용은 서안(西安)의 외곽에 있다. 능의 규모는 거대하고, 내외 두개의 성으로 나뉜다. 여산릉이라고 불리는 이 능은 70만 명의 죄수를 동원하여 만들었다. 지하 3층 정도까지 판 다음 그 속에 궁전을 만들고 백관의 자리를 설치하였으며 궁중에서 진기한 물건을 옮겨 놓았다. 진시황은 죽은 뒤에도 황제생활을 계속하고자 했다. 갱 속에서 실제 인물과 실제 말을 모사한 것으로 추측되는 6천여 개의 병마용(兵馬俑)이 발견되었는데, 발굴된 병용(兵俑) 가운데 같은 것은 하나도 없다. 보(步)·노(弩)·거(車)·기병(騎兵)의 4개 병종으로 나뉘고, 각각 활 화살 및 청동창과 칼 등 실전병기를 들고 있거나, 혹은 활을 등에 지고 앞으로 내달리는 모습, 혹 수레를 몰며 말에 채찍질하는 모습 등 모든 용(俑)들의 형태가 살아 있는 듯 생동감이 있다. 이 병마용의 발굴은 아주 신중하게 그리고 장기간에 걸쳐 과학적으로 진행되고 있는데, 이는 중국 최대의 군사박물관일 뿐 아니라, 세계 예술의 보고라고 할 수 있다. 이 병마용을 통해 당시의 군사기술과 체계·시대상·예술상 등등을 알 수 있다.

5) 중국의 석굴문화

중국은 석굴문화가 많이 발달하였다. 이것은 모두 불교문화의 영향 때문인데, 옛날 많은 고승들이 이 동굴에서 도를 닦으며 불상도 조각하고 불화도 그리며 불경도 보관하여 지금까지 전해주고 있다. 이렇게 옛 고승들이 동굴에서 도를 많이 닦은 것은 동굴 속에 있을 때 인간은 본능적으로 모태 속에 있는 것처럼 가장 편안함을 느끼기 때문이다.

중국의 유명한 석굴은 대체로 북방의 실크로드를 따라 발달되어 있다. 불교미술이 꽃핀 위진남북조 시대에는 석굴을 파서 불상을 조각하고 벽화를 그려 넣는 사원이 번성하였다. 동진 이후 수당에 이르기까지 10대 석굴문화가 번성되었는데, 당대에 접어들어 석굴예술은 더욱 방대한 규모로 발전하였다. 그러므로 석굴사(石窟寺)는 불교의 중요 유적으로 지금은 문화재와 예술품 보호차원에서 중요 보호구역으로 지정되어 있다. 지금 국가 일급 중점 문물보호로 지정된 석굴을 들어보면, 운강석굴·막고굴·용문석굴·맥적산석굴·병영사석굴·향당산석굴·유림굴·극목얼천불동·고목토자천불동·광원천불애마애조상·북산마애조상·보정산마애조상 등이 있다. 이 가운데 가장 유명한 것은 운강석굴·막고굴·용문석굴이라 할 수 있다. 이런 석굴사는 고대 인도에 그 기원을 두고 있으며 대부분 깎아지른듯한 절벽을 뚫어서 만든 것으로 예배굴과 참선굴로 나뉘어 있다. 불교의 중국 유입에 따라 석굴사 예술도 북인도로부터 들어와 청조에 이르기까지 1천년을 이어왔다. 석굴사 예술은 인도예술의 영향 아래 중국민족의 문화가 결합하여, 중국 특유의 형식으로 정비되어 새로운 문화로서 탄생했다.

운강석굴은 중원지역 최초의 대형 석굴사이다. 섬서성 대동시(大同市) 서쪽의 무주산(武周山)·남록산(南麓山) 절벽에 위치해 있다. 부드러운 사암으로 이루어진 절벽을 파고 산을 따라 1킬로에 걸쳐 제작한 석굴사에는 현재 53개의 대형 굴과 무수한 작은 굴, 1,100여 개의 작은 감실(龕室)이 있고, 석조불상 비천상(飛天像) 등이 5,100여 기가 있다. 이 석굴사에는 중국 불교예술의 첫번째 개화기라고 할 수 있는 북위시대(386-534)의 유물이 많다. 16미터나 되는 최대 크기의 좌불이 있는 5굴의 전실 벽에는 각각 개성 있는 채색 천불상이 새겨져 있다. 5굴은 경주 토함산 석굴과 비슷한 구조의 원형의 본실과 방형의 전실로 이루어져 있다. 6굴의 본실 중앙에는 탑이 있고, 벽 천장 탑에 온통 빈틈없이 조각이 들어차 있어 화려하고 아름답다. 주실 중앙의 사방석주(四方石柱)에도 불상과 비천상, 온갖 꽃들이 가득 새겨져 있고 북벽 입구에는 드물게도 조각이 아닌 벽화가 자리 잡고 있다. 1·2굴은 전실이 없이 세 벽면 전체가 조각으로 뒤덮인 굴이고, 3·4굴은 파괴가 심한데 그 가운데 폭 50미터나 되는 최대 굴인 3굴은 제작이 중단된 채 남아 있다. 7굴은 전실이 목조전각으로 조성되어 있고, 8굴의 입구에는 서역풍의 시바신과 비쉬누신이 부조되어 있다. 9·10굴의 전실은 전면이 치밀한 부조조각으로 가득 차 있고, 10굴의 설화도들은 간다라와 서역의 영향이 나타나 있다. 반면 장식조각들은 전통적인 중국식으로 묘사되어 있어 중국양식과 간다라 양식의 혼합을 이루고 있다. 11굴의 대형 주실에는 운강 후기 양식이라고 일컬어지는 복장이 나타나고, 12굴의 벽면과 천장에는 정연한 조각들이 들어차 있다. 13굴에는 13미터 높이의 보살상이 북벽에 거대하게 자리 잡고 있다. 흔히 서방굴(西方窟)이라고 하는 굴은 14~42굴까지이다. 14굴은 파괴가 심하고 15굴은 각 벽면에 천불이 가득 새겨져 있으며, 16~20굴까지는 담요오굴(曇曜五窟)이라고 불린다. 종교장관인 담요(曇曜)의 건의에 의해 제작되었는데, 석굴마다 북위 초기의 다섯 황제의 모습을 나타내는 거대한 불상들이 들어서 있다. 20굴의 운강대불은 인도 불상의 양식에 웅건한 북방기질이 결합되어 13.4미터 높이의 거불좌상으로 위엄과 자비가 충만한 불상이다. 그 뒷벽으로 화불(化佛)과 불꽃무늬가 전면 벽에 가득 새겨져 있다. 21굴부터 낙양 천도(515-534) 뒤 승려나 개인의 개인적 의도에 의해 개착된 석굴로 용문양식과 더불어 당시의 조각경향을 보여주는 대표작이다. 현재까지 보존된 석굴은 494년까지 약 30년에 걸쳐 제작된 것으로 한대 석각예술의 전통을 계승하면서 외래 영향을 흡수하여 중국 석굴문화의 진수를 보여주고 있다.

돈황 막고굴은 돈황 동남쪽 명사산(鳴沙山) 기슭에 위치하고 있다. 명사산은 20~30㎞나 길게 뻗은 황량한 모래산인데 바람이 강한 계절이면 산이 무너져 내리는 소리가 천둥소리 같아서 명사산이라고 했다. 전진(前秦)시대에 처음 만들기 시작하여 북위·서위·북주·수·당·서하·원까지 각 시대에 대규모 건축물이 지어지거나 수리되었다. 366년 서하의 멸망 때까지 돈황은 중앙아시아 여러 왕국에서 건너온 승려와 포교사들이 머무는 주요도시였고, 천불동(千佛洞)이라 불리는 수많은 석굴사들은 처음 건축할 당시부터 중요한 불교순례지가 되었다. 막고굴의 장대함을 말하지만 돈황에 현존하는 벽화만을 모아볼 경우 5미터 높이의 벽면이 25㎞나 펼쳐지는 장대한 양이 된다. 이 곳의 자료들을 통해 5~6세기부터 14세기까지 중국의 부분적인 사회생활과 역대 조형예술의 발전 상황을 알아볼 수 있다. 돈황석굴은 전 세계 현존하는 석굴 가운데 규모가 가장 큰 것으로 벽화와 진흙소조가 주를 이루며 가장 완벽한 불교예술의 보고로서 유지되고 있다. 북대굴이라 불리는 96호굴은 7층 누각실의 전실이 웅대한데다, 이 전실이 석굴암의 전실양식형태 고찰의 귀중한 자료가 된다는 점에서 의미 있다. 또 98호굴은 거대한 규모와 풍부한 내용으로 유명하고, 시대상과 생활상을 함께 보여주는 귀중한 자료이다. 특히 1,900년에 발굴된 장경동(藏經洞)에서는 대량의 고대사본과 문건이 출토되었는데, 그 중 현재 남아있는 문건만 하더라도 4만여 건이 된다. 16굴 안에 있는 측실인 이 곳 장경동에서 발견한 불경·불화·불서·고문서들은 영국·프랑스·러시아·일본 등의 탐험가들에 의해 파괴 약탈당하기에 이르러 이로 인해 돈황이 세계에 널리 알려져 '돈황학'이라는 학문이 생겨날 정도였다. 더구나 프랑스의 페리오가 대량으로 가져간 귀중한 자료 중에는 혜초(慧超)의 ≪왕오천축국전(往五天竺國傳)≫도 끼어 있었다. 이 책은 세계 4대 여행기로 꼽히며 당시 서역 인도 중근동 지방의 국제정세까지 알 수 있게 해주는 귀중한 자료이다. 막고굴의 중심굴 가운데 하나인 285호 굴은 서위 문제(文帝) 때인 538년에 조성했다는 기록이 남아 있고, 벽면에는 5백 명의 강도가 성불한다는 흥미진진한 내용의 〈오백강도성불도(五百强盜成佛圖)〉가 당시 예술적인 특징과 상황을 잘 나타내면서 화려하게 벽을 장식하고 있다. 현란한 색채와 온갖 그림, 소상(塑像)들이 아름답게 변형되어 있는 다양한 굴들이 많다. 처음 명사산 기슭에 막고굴이라는 석굴사를 만들 때부터 수·당을 거치는 동안 1천여 개의 굴이 있었다고 전해지지만 지금 492개만 이 제 모습을 갖춘 굴로 보존되어 있다. 이 석굴은 제작자와 제작국가에 따라 다양한 모습을 가지고 있는데, 경탄을 금치 못하는 아름다운 벽화와 2,415구나 되는 소조는 명실공히 세계미술의 보고라고 아니할 수 없다.

용문(龍門)석굴은 하남성 낙양시 남쪽에 있는 향산(香山)과 용문산 언덕에 있다. 북위가 낙양으로 천도한 494년부터 4백년동안 산발적으로 만들어졌다. 그 시작은 운강석굴을 본받아 시작한 것으로 2,100여 개의 석굴과 감실, 1만여 기의 조각상, 3,600여 개의 비석 40여 좌의 불탑으로 이루어져 있다. 그 가운데 북조와 당대 작품이 90%를 차지하며, 당의 측천무후(則天武后) 시대의 작품이 가장 많다. 북위시대 석굴은 꾸밈새가 더욱 치밀하고 조상(彫像)이 더욱 복잡하며 정밀하고 우아하게 다듬어져 있다. 북위 때의 조상들 가운데 운강양식과 구별하여 용문양식이라 부르는 불상의 의복양식이 있는데, 그 옷들은 중국학자들이 입던 옷으로 평평하게 조각된 몸체 위를 주름이 물결 흐르듯 덮고 있는 양식이다. 대표적인 불상은 봉선사(奉先寺) 대불로 당나라 불교예술의 걸작이다. 높이는 17.14미터에 달하며 예술적으로도 뛰어난 불상이다. 이 대불은 중국 역사상 유일한 여제(女帝)였던 측천무후가 그 모델이라고 한다. 측천무후는 생전에 미륵보살의 재생이라고 자칭했다. 용문석굴 가운데 가장 뛰어난 동굴은 천장에 아름다운 연꽃조각이 있고 이름마저 그 모습에서 따온 연화동(蓮花洞)이다. 대형 연꽃조각과 더불어 이 동굴의 특기할 만한 점은 치마저고리를 입은 두 여인상 부각작품으로써 여러 자료로 미루어보아 이들은 아마도 백제 여인인 듯하다. 또 우리나라의 금동미륵보살반가상의 원형이 되는

〈중국 4대 석굴 중의 하나인 낙양에 있는 용문석굴〉

반가보살사유상도 부각되어 있다. 용문석굴의 또 다른 걸작품으로는 빈보양동(賓寶陽洞)의 여래좌상이다. 동굴의 명문에 따르면 이 동굴은 23년에 걸쳐 완성된 것으로 동굴 안에 있는 11개의 불상의 한가운데에 8미터 높이의 여래좌상이 있다. 이 불상은 북위의 효문제(孝文帝)를 모델로 삼았다고 하며, 봉선사 대불에 이어 두 번째로 뛰어난 불교미술의 걸작품이다. 이 외에 만불동(萬佛洞)도 볼 만하다. 사각형의 동굴 벽에 54개의 연꽃이 새겨져 있고 벽에는 한 뼘 이내의 크기로 1만 5천개의 불상이 새겨져 있다. 이 불상들은 모두 연꽃 위에 부각되어 있으며, 각각의 얼굴이 모두 다른 점이 재미있다. 용문석굴의 품격은 굴의 형식이 단순하고 변화가 작으며 주제가 분명하게 드러난다. 각 동굴 속의 비문들은 중국의 고대 서체변화를 연구할 수 있는 실물자료가 되며 동시에 일부 석굴예술의 편년사(編年史)가 되기도 한다.

6) 중국의 불교문화

불교는 동한 명제(明帝) 때부터 인도에서 유입되기 시작하여, 위진남북조에서는 불경을 번역하고 연구하는 작업이 점점 발달했고, 수·당에서는 천태종·화엄종·선종 등 중국 특색의 종파를 갖추게 되었다. 문수(文殊)·보현(普賢) ·관음(觀音)·지장(地藏)보살은 중국의 4대 보살로, 그들이 설법하던 도량이 지금도 남아 있다. 중국 불교의 4대 명산으로 꼽히는 오대산(五臺山)·아미산(峨眉山)·보타산(普陀山)·구화산(九華山)이 바로 그것이다.

오대산은 섬서성 오대현(五臺縣)에 위치하며 둘레 길이가 250㎞나 된다. 우뚝 솟은 다섯 봉우리 정상이 평평하여 오대(五臺)라고 부른다. 최고봉인 북대(北臺)는 해발 2,893m로 화북지역에서 가장 높은 봉우리이다. 문수(文殊)보살의 산으로 동한 시대부터 사원을 건축하여 한때 사찰이 2백여 개에 이르렀으나 지금은 40여 곳만 존재한다. 현존 최초의 목조건축물인 남선사(南禪寺)와 불광사(佛光寺)가 있는데, 이러한 불교건축 외에 조각·초상·벽화 등 예술성 높은 작품들이 많이 남아 있다.

아미산(峨眉山)은 사천성 서부 아미현(峨眉縣)에 있으며, 최고봉은 3,099m로 산봉우리들이 연이어져 있다. 이 산의 이름은 산봉우리가 아름다운 눈썹처럼 마주하고 있는데서 유래되는데 불교에서는 이 산을 광명산(光明山)이라 부르며, 산 정상의 광명사(光明寺)는 보현(普賢)보살이 설법하던 도량이었다. 아미산이 가장 흥성하던 시절에는 1백여 곳의 사찰·암자·불전들이 있었으나 지금은 20여 곳만 남아 있다. 특히 유명한 곳인 보국사(報國寺) 칠불전 앞의 자동화엄탑(紫銅華嚴

塔)은 7m 높이의 14층탑으로 중국 불교 연구의 주요 문물이다. 해발 3,099m의 금정봉(金頂峰)에는 사신암(舍身岩)이라 불리는 전망대가 있는데 여기에서 보는 일출과 운해(雲海)는 장관이다. 바람이 없는 맑은 날 오후에 금정에서 내려다보면 구름 사이에 오색 후광이 보이고, 그 후광 안에 자신의 그림자가 비치는 신비한 체험을 할 수 있다. 이러한 빛의 굴절 현상은 대단히 종교적이고 경이롭게 느껴진다. 아미산은 산세가 웅장하고 협곡이 깊으며 습곡산지이기 때문에, 계곡이 심하게 단절되어 특이한 절경을 이룬다.

보타산(普陀山)은 주산군도(舟山群島)의 작은 섬으로 절강성의 항주만(杭洲灣)에서 동쪽으로 1백 해리쯤 떨어진 곳에 있다. 산 자체가 섬을 이루어 보타도(普陀島)라고도 부른다. 섬의 총면적은 12.5㎢, 최고봉인 불정산(佛頂山)의 높이는 해발 300m이다. 최초의 사찰은 일본 승려인 혜악(慧鍔)에 의해 건립되었다. 관음보살이 설법하던 도량이라 전하며, 3백여 개의 사원 가운데 현재 보제사(普濟寺)·법우사(法雨寺)·혜제사(慧濟寺)의 3개 사찰이 있고, 조음동(潮音洞)·범음동(梵音洞)의 동굴과 불탑 등의 명승고적이 남아 있다.

구화산(九華山)은 안휘성 청양현(青陽縣) 지역에 위치해 있다. 아홉 개의 봉우리가 연꽃과 비슷하며 원래 이름은 구자산(九子山)이었는데 이백의 시에서 구화산(九火山)이라 하여 이후부터 이름이 바뀌었다. 지장보살을 모시던 산으로 참배자가 많고 최고봉인 천대봉(天臺峰)은 해발 1,342m이다. 사찰이 많을 때에는 3백여 개에 달하였으나 현존하는 것은 사찰 84개와 불상 6천 기, 진귀한 문물 1천3백여 건이 남아 있다. 이런 유적·유물들은 보존상태가 매우 좋아 이 산을 4대 불산(佛山)의 우두머리라 한다. 주요 사찰로는 감로사(甘露寺)·지원사(祇園寺)·백세

궁(百歲宮)·동애사(東崖寺)가 있는데, 이를 구화사대사림(九華四大寺林)이라고 한다. 기암 동굴과 괴석이 많고 폭포가 흐르며, 범종소리가 소나무나 대나무숲 속을 감돌며 흘러나와 평안함을 주는 곳이다. 당대 이래 매년 지장보살의 생일인 음력 7월 30일에 법회를 열고 불사(佛事)를 행하며 시장을 열어 매우 활기차다. 1,982년부터 이 곳의 전통시장이 부활되어 참배자와 관광객들이 들끓는다.

중국 불교의 4대 총림(叢林)은 서하사(棲霞寺)·국청사(國淸寺)·영암사(靈岩寺)·옥천사(玉泉寺)이다. 서하사는 남경 서하산에 있다. 그 역사가 이미 1천5백년이나 되는 이 절 앞에는 명경호(明鏡湖)가 있고, 호수 안에는 채홍(彩虹)이라고 하는 정자가 있다. 한여름 연꽃이 만발하면 그 아름다움이 그림 같아 채홍명경(彩虹明鏡)이라 하여 예찬했다. 천왕전과 대불각 등의 고건축물이 있고, 5층8면 석탑·석굴·불상 등과 함께 정교하고 생동감 있는 조형으로 중국미술사의 걸작으로 인정받는 조각이 보존되어 있다. 또 당 고종의 필적이 전해지고 있는 명정군비(明征君碑)도 매우 진기하다.

절강성 천대산(天臺山) 기슭에 있는 국청사(國淸寺)는 천태종의 발원지이다. 수나라 때 건축을 시작하여 청나라 때 재건축한 건물이 현재 남아 있는 것으로 그 규모가 장대하다. 사원을 건축할 당시 심었다고 하는 수령 1천3백년의 진귀한 매화나무가 있고, 미륵전·대웅보전·종루·고루·관음전 등을 비롯하여 수많은 유적이 있다.

영암사(靈岩寺)는 산동성 태산 기슭 영암곡(靈岩谷) 가운데 위치해 있는데, 북위시대에 건축을 시작하여 당 송 시대에 가장 흥성했다. 전각이 무려 40여 곳에 선방이 5백여 칸 규모로 당대에는 전국 모든 사원 가운데 제일의 사원이었고, 영암은 태산의 가장 유절(幽絶)한 곳이라

칭한다. 천불전(千佛殿)과 대웅보전을 비롯한 탑과 전각 등이 있다.

옥천사(玉泉寺)는 호북성 당양현(當陽縣)의 옥천산 기슭에 있다. 누각이 9개 전(殿)이 18개 승사(僧舍)가 3천7백 개가 있다. 역사가 유구한 이 절은 신중국 건립 뒤까지 수축을 거듭했고 현존하는 대웅보전은 원대의 건축풍을 가지고 있다. 그 옆에 관음화상의 석각이 있는데 이것은 당대 화가 오도자(吳道子)의 걸작이라고 하고 있다. 대웅보전 앞에는 수나라 때의 철가마 원대의 철작도와 철종 등 고대문물이 많이 보존되어 있고, 절의 동쪽으로 북송 철탑과 기타 건축물이 다수 남아 있다.

이 외에 소림사(少林寺)는 낙양 등봉현(登封縣)에 있는 절로, 인도로부터 온 달마대사가 이 곳에서 9년 동안 면벽수행(面壁修行)한 선종의 발상지로 유명하며, 또한 소림권법의 발상지로도 알려져 있다. 소림사는 소실산 기슭의 삼림에 지었다고 하여 붙여진 이름으로, 인도로부터 온 발타삼장(跋陀三藏)이 495년에 창건한 것으로 알려져 있다. 이 소림사는 1,928년 석우삼(石友三)이라는 군벌에 의해 불타 옛 모습은 거의 남아 있지 않다. 다만 절 뒤쪽의 천불전(千佛殿)과 백의전(白依殿)은 간신히 불길을 모면했는데, 이는 명대의 건조물들이다. 스님들의 신체단련을 위해 개발한 소림 무술은 원래 주로 천불전에서 행해졌는데, 지금은 소림사 근처에 많은 소림 무술학교가 세워져 있어, 전국 각지에서 수련생들이 모여들고 있다. 소림사 경내에는 비석이 많은 것으로도 유명한데, 소림사에서 약간 떨어진 곳에 역대 소림사 스님들의 사리를 간직하고 있는 탑림(塔林)이 있다.

영은사(靈恩寺)는 항주 서호(西湖)의 서쪽에 있는 북고봉(北高峰) 기슭에 있다. 326년 혜리(慧理)가 창건한 절로, 오백나한당(五百羅漢堂) 비

〈낙양 소림사 안의 모습. 선종의 발상지이며 소림무술이 발생한 곳이기도 하다.〉

래봉(飛來峰) 천축산(天竺山)이 유명하다. 서호에서 영은로란 길을 통하여 가게 되면, 경내에는 그윽함이 흐르고 대나무가 많으며 바위 또한 널려 있어 고적함을 느낄 수 있다. 비래봉 곳곳에 불상과 보살상 나한상이 조각되어 있는데, 이 곳 자체가 불국토(佛國土)라는 느낌마저 주고 있다.

낙양시 교외에 있는 백마사는 중국에서 최초로 건립된 절이다. 낙양을 수도로 한 동한시대인 1세기 후반에 세워진 것으로 알려져 있는데, 낙양에 살고 있던 서역인들의 신앙생활을 위한 절이었다. 문 앞에 돌로 만들어진 흰말이 조각되어 있다.

한산사(寒山寺)는 경치가 좋기로 유명한 양자강 유역의 소주(蘇州)에 있다. 이 절은 6세기 초인 양나라 무제 때 창건했다. 한산사라 불리는 것은 당대부터이나, 전란으로 절은 모두 소실되었다. 지금의 절은 신해혁명이 일어난 해인 1,911년에 조성된 것이다. 절이 아늑하고 여성적인 느낌을 많이 준다.

서안(西安)에 있는 대자은사(大慈恩寺)는 삼장법사 현장(玄奘)과 관련이 있는 절로 유명하다. 현장은 18년간의 세월에 걸쳐 천축에 가서 불경을 가져와서 이곳에서 대번역 작업에 몰두하였다. 이 대자은사 안에는 대안탑(大雁塔)이 서 있는데, 이 안에 현장이 가져온 불경이 보관되어 있다. 당시 천축[인도] 으로의 서역기행은 굉장히 힘든 여행으로, 현장의 서역기행을 바탕으로 삼아 허구화시켜 이룬 소설 작품이 중국 4대 기서(奇書) 가운데 하나인 ≪서유기(西遊記)≫이다.

7) 중국의 도교문화

도교는 노자 장자를 중심으로 한 중국 본토에 뿌리내린 중국의 고유종교이다. 후한시대 패국(沛國) 풍읍(豊邑) 출신인 장도릉(張道陵)이 그 창시자이다. 도교는 중국불교와 상호 밀접한 영향을 주고받으며 민간신앙과 결합하여 민중의 정신생활에 흘러들었고, 신선신앙과 깊은 관련성을 가졌었다. 도교의 사원을 도관이라 하고, 도교의 승려를 도사라고 한다. 도사들은 중국 각지를 누비며 몸을 수양하고 단약(丹藥)을 조제 혹은 채취 흡수하여 영생불사 불로장생하는 신선이 되고자 하였다. 10개 동천(洞天), 36개 소동천(小洞天), 72개 복지(福地)가 도교의 성지이다. 도교의 특징은 금주(禁呪)와 부록(符錄) 등의 방술을 행하는 것이다. 또한 영생불사 불노장생술을 믿어 온갖 방법을 동원하여 이를 이루고자 하였는데, 연단술(鍊丹術)·신선술(神仙術)·방중술(房中術) 등등이 그것이다. 이것 외에도 적덕행선(積德行善)하고 계율을 지켜야 진선(眞仙)이 된다는 도덕적인 면을 강조하기도 했다.

장도릉이 처음 도교를 창시했다고 전해지는 곳은 사천성의 학명산

(鶴鳴山)으로 이는 용호산(龍虎山)·무당산(武當山)·제운산(齊雲山)과 더불어 도교의 4대 명산이다. 한편 도교의 4대 명산에 대해서는 용호산(龍虎山)·무당산(武當山)과 더불어 청성산(淸城山)·노산(嶗山)을 꼽기도 하고, 용호산과 강서성의 합조산(閤皀山)과 모산(茅山)을 도교의 3대 명산이라 하기도 한다.

학명산은 장도릉이 관직을 버리고 수도에 힘써 순제(順帝) 영화(永和) 6년에 도교를 창시했다는 성지이다. 그의 문하에 들어간 사람은 쌀 5되를 내어야 했으므로 도교를 오두미도(五斗米道)라고 불렀으며, 도교인들은 그를 천사(天師)라고 존칭했다. 곡명산(鵠鳴山) 혹은 동산(東山)이라고도 한다. 현재 산상에는 도교인들이 만들어놓은 수십기의 상(像)이 아직 남아 있다. 그 외에도 입체 조각상이 남아 있고 도교의 대표적인 천존상(天尊像)도 남아 있다. 또 당나라 시인인 이상은(李商隱)의 〈검주중양정병서(劍州重陽亭幷序)〉가 비석에 새겨져 있고, 유명한 서법가인 안진경(顔眞卿)의 〈대당중흥송(大唐中興頌)〉의 석각이 보존되어 있다.

용호산은 강서성에 있는 산으로 운면산(雲綿山)이라고도 불린다. 1대 천사(天師)가 이 곳에서 단약을 만들었고 단약이 완성될 때 용과 호랑이가 나타났기 때문에 용호산으로 이름을 바꾸었다. 이 곳은 도교 4대 후계자인 장성(張盛)이 학명산에서 근거지를 옮겨와 이후 63대를 이어간 곳으로, 도교의 32복지(福地)의 하나이기도 하며 장도릉의 후손들이 거처하던 곳이기도 했다. 상청궁(上淸宮)은 역대 천사가 태상노군(太上老君:도교에서 노자를 일컫는 말)에게 제사드리고 조회를 하던 곳으로 가장 오래된 큰 도궁(道宮) 중의 하나이다. 현재 복지문(福地門)·종루(鐘樓)·옥문전(玉門殿)·동은원(東隱院)·구곡항(九曲巷)·하마정(下馬亭)

및 명대의 석각 같은 고적이 남아 있다. 상청궁 부근의 천사궁은 약 4백ha의 면적에 1백여 칸이나 되는 방이 있는, 역대 천사들이 거처하던 곳이다. 중국 최대 규모의 도교 건축물 가운데 하나로 꼽히는 이 건축물은 지금은 보존상태가 완전한 봉건시대 조정의 부고(府庫)로 남아 있다. 그 외에 풍경 명승지로는 마조암(馬祖岩)·선암(仙岩)·수암(水岩)·배아석(排衙石)·상청하(上淸河) 등이 있다.

무당산은 호북성 단강구시(丹江口市) 지역에 자리 잡고 있으며, 73개 봉우리, 24군데의 계곡수, 11개의 동굴, 110개의 바위, 10곳의 연못, 9개의 샘, 9개의 우물, 3개의 늪, 9개의 대(臺), 원 명대의 건축물 등 풍경 명승지가 많다. 최고봉은 1,612m의 천주봉(天柱峰)이다. 무당권(武當拳)의 발원지이며, 단강(丹江) 입구에 있는 현무문(玄武門)의 석조패방(石雕牌坊) 현판에 명대 가정(嘉靖) 황제가 쓴 '치세현악(治世玄岳)'이라는 글씨가 남아 있다. 현악문에서 서쪽 1㎞ 지점에 있는 우진궁(遇眞宮)은 무당권의 창시자인 장삼풍(張三豊)을 기념하여 지은 것이다. 천주보의 정상에는 1,416년 건축된 금전(金殿)이 있는데, 이 건축물은 대표적인 도교 건축물로서 현존하는 최대의 구리 건축물이다. 이 건축물은 화강암의 전당을 제외한 나머지가 구리로 주조되어 있어 외관은 마치 질 좋은 순금처럼 광채가 선명하다. 전당 내부에 있는 진무대제(眞武大帝)의 동상은 무게가 10톤이나 되는 웅장하고 장대한 동상으로서 양쪽에 물과 불을 뜻하는 두 호위병 및 금동(金童)과 옥녀(玉女)를 데리고 있어 장관을 이룬다.

제운산은 백악(白岳) 또는 운악(雲岳)이라고도 하며, 안휘성의 둔계(屯溪)에서 33㎞ 떨어져 있다. 해발 1천m 높이로 최고봉인 제운암(齊雲岩)은 골이 깊고 험준하다. 36개의 기이한 봉우리, 72개의 기괴한 암석, 14곳의 계곡수 외에도 수없이 많은 샘물이 솟아 나온다. 일찍이 당나라 때부터 사원을 건축하고 1,226년에 우성진무사(佑聖眞武祠)를 건축하여 도교의 중심이 되었다. 송나라 때 가정황제의 명으로 궁전을 건축하여 편액을 하사받았다. 이후 불교·도교 양 종교가 번창하여 삼청전(三淸殿)·무량수궁(無量壽宮)·문창각(文昌閣) 등 유명한 도교선원이 서게 되었다. 관광객과 문인들이 찾아와 비석과 석벽에 몇 자씩 적어 둔 글귀들이 1천4백여 곳에 이르러, 지금까지 남아서 전해지고 있다.

8) 중국에 남아 있는 한국의 역사유적지

중국 동북지방에 고구려의 유적지가 많이 남아 있는데, 425년 간 고구려의 수도였던 국내성(國內城)은 요녕성 집안시(集安市) 지역에 그 흔적이 남아 있다. 또한 그 곳 부근에 고구려가 평양으로 도읍을 옮기기 전, 한 때 수도였던 환도성(丸都城) 터가 남아 있다. 집안시 부근의 토구자산(土口子山)에는 광개토왕비가 있고, 그 부근에 장수왕의 무덤이라고 추정되는 13m 높이의 장군총(將軍塚)이 있다. 광개토왕비는 높이가 6.27m에 달하고 역사가 1천5백년이나 되는 거대한 비석으로 호태왕비(好太王碑)라고도 불린다. 비문에는 고구려·신라·가야가 연합하여 왜국을 상대로 싸운 일과 광개토왕의 요하(遼河)지방 정복사업에 대한 기록이 새겨져 있다.

장군총은 화강석으로 쌓아올린 장대한 규모의 고구려 돌무덤이다. 내부에 무덤 주인의 관과 그 부인의 관을 넣었던 자리가 나란히 남아 있다. 이 외에도 마선구(麻線溝) 일대에는 수많은 고분이 산재해 있지만 아직 비공개 상태이다. 요녕성 박물관 2층의 고구려 진시실에는 묘

장품과 와당(瓦當)·장신구 등이 진열되어 있다.

중국인들은 고구려와 발해를 역사상 중국 주변의 여러 소수민족들이 세운 나라 중의 하나에 불과한 것으로 보지, 그것을 한국과 연관시켜 인식하지 않는다. 한국의 일부 학자들이 지금의 중국 땅인 만주지역에 세워진 고구려와 발해를 한국의 옛 선조 국가로 인식하여, 그 곳을 발굴하고 또한 만주지방을 우리 선조의 얼이 서린 곳이라고 인식하는 것에 대해 중국 정부는 굉장히 불쾌해 하고 있다. 또한 이곳은 일제시대 우리의 선조들이 항일투쟁을 하던 본거지로 항일전적지와 집단 거주촌 등 여러 유적지가 사방에 흩어져 남아 있다.

또한 신라인들은 중국의 산동에 들어와 신라방(新羅坊)을 건설하고 집단거주하며 해상무역을 하였다. 또한 당은 신라방의 거주자들을 자신들의 통제 아래에 두기 위하여 자치적 행정기구인 신라소(新羅所)를 설치하였는데, 산동성의 초주(楚州)·연수(漣水)·문등현·적산촌(赤山村)

〈광개토왕비석. 이외에도 많은 고구려유적지와 독립투사의 발자취가 만주지역에 서려있다.〉

에 남아 있다. 이 적산촌에는 해상왕 장보고가 세운 법화원(法華院)이란 절이 있는데, 우리나라 사람이 중국에 세운 대표적인 절이다. 적산원(赤山院)이라고 불리는 이 절은 신라인 신도가 250명에 이르고, 예불과 불사(佛事)를 본국과 같이 행하고 범패(梵唄)도 만들어 불렀다고 한다. 이 외에도 신라 사신들의 숙소였던 신라관(新羅館)이 있는데, 이것은 발해관과 함께 산동성 봉래현(蓬萊縣) 등주부(登州府)에 있다.

일본에게 패망하고 난 뒤 항일선열들이 상해에 임시정부를 수립하였다. 첫 청사는 보광로 555호에 마련했으나, 여러 번 옮겨 지금 남아 있는 것은 1,926-32년까지 머물렀던 보경리 4호 한 곳뿐이다. 3층 건물인 이 민가는 1,989년 중국의 개방 정책 이후 방문객의 발걸음이 잦아졌을 뿐 안내표지 하나 안내인 한 명도 없었다. 그러다 한중수교 뒤 1,993년 4월에 1년 5개월 간의 복구작업을 끝내고 말끔히 단장하여 현편을 걸게 되었으며 최근에는 중국 측에서 관리소와 참관접대실을 만들어 청사를 관리하고 있다. 또한 중일전쟁 이후에는 장개석의 전시정부를 따라 우리의 임시정부도 중경(重慶)으로 옮겼는데, 중경에는 지금도 임시정부 건물이 남아 있으며 지금은 말끔히 보수하여 중경정부에서 지방문화재로 보호하고 있다.

9) 그 외의 문화유적지

만리장성은 실제 길이가 12,700리(약 6,350㎞)로서 7개의 성과 시·자치구를 통과하는 성벽이다. 진시황이 짓기 시작해, 그 후 수축과 개축을 거듭해 지금의 모습은 명대에 이르러 그 완성을 보았다. 달에서 보이는 유일한 인공물이며, 노역자들이 사고로 죽으면 그 자리에 묻었

〈세계 7대 불가사의 중 하나인 만리장성. 유목문화와 농경문화의 경계선이다.〉

기 때문에 지구에서 가장 긴 무덤이라고도 할 수 있다. 만리장성은 농경지대와 유목지대의 경계라고 할 수 있으며, 북방 유목민들의 침입을 방지하기 위하여 설치한 것이다. 모택동은 "장성에 오르지 않으면, 사나이가 아니다(不登長城非好漢)"라고 했는데, 지금도 많은 중국인들이 기개를 드러내기 위하여 만리장성에 오르고 있다. 현재 팔달령(八達嶺)·모전곡(慕田谷), 동쪽의 사마대(司馬臺)·팔괘성(八卦城) 등이 공개되고 있다. 관광객이 가장 많이 찾고 북경에서 가장 가까운 팔달령은 사통팔달(四通八達)의 교통요지이기 때문에 붙여진 이름으로 보존상태가 양호하며 몇 마리의 말이 나란히 달릴 수 있을 만큼의 폭에 일정거리마다 2층의 성루가 있다. 성루 아래에는 수십 명의 병사가 거주할 수 있었고 위층에는 관측소로 활용되었다. 성벽 뒷길에는 용통(甬通)이라는 연락통로가 있으며, 110m마다 봉화대인 돈대(墩臺)가 있다. 이

봉화대에서 바라보는 내몽골 전경은 그야말로 장관이다. 팔달령 가는 길에 거용관(居庸關)이라는 관문도 볼 만하다.

북경 고궁을 중심으로 남에는 천단(天壇), 북에는 지단(地壇), 동에는 일단(日壇), 서에는 월단(月壇)이 있다. 천단은 하늘에, 지단은 땅에, 일단은 해에, 월단은 달에 황제가 제사지내던 곳이다. 이 가운데 천단이 가장 유명한 곳으로 명 청대 황제들이 여기에서 음력 정월에 풍년을 빌고, 하지에는 기우제를, 동지에는 하늘에 제사를 지냈다. 천단은 천자(天子)라고 일컫는 황제의 왕권신수설의 산물로, 북쪽의 기곡단(祈穀壇) 남쪽의 원구단(園丘壇)을 함께 일컫는다. 이 천단은 천안문 만리장성과 함께 중국을 상징하는 대표적인 건축물이다. 기년전(祈年殿)을 비롯 원구단·황궁우(皇穹宇)·재궁(齋宮) 등의 건물이 남아 있는 273만㎡의 아주 깨끗하게 정돈된 넓은 공원이다. 기년전은 천단의 대표적인 3층 원형 건물로 건물의 받침부분인 기곡단도 3단으로 구성되어 있다. 28개의 커다란 기둥이 기년전을 지탱하고 있는데, 중앙 두 아름이 넘는 4개 기둥은 4계절을 상징하고 그 둘레 안쪽의 12개 기둥은 12달을, 바깥쪽 12개 기둥은 하루 12시를 상징한다. 북쪽의 황건전(皇乾殿)은 옥황상제와 황제의 조상신위를 모시던 곳이고, 기년전 동쪽에 있는 72칸의 장랑(長廊) 끝에 있는 타생정(打牲亭)은 제물이 될 짐승을 잡던 곳이다. 원구단은 황제가 하늘에 제사지내던 곳으로, 명 청시대에 이 곳에서 성대한 제천(祭天)의식을 거행하였다. 원구단은 3층으로 각 층마다 주위에 정교한 조각의 백옥난간이 있는데 그 개수가 황제를 상징하는 양의 극수 9의 배수로만 이루어져 있다. 원구단의 상층 중앙에 있는 원심석(圓心石)에 올라가 작은 소리로 이야기하면 그 소리가 크게 들리고 메아리도 들을 수 있다. 이런 회음(回音) 현상을 옛 황제들이 신성강화에 이용했었다. 황궁우는 원구단 북쪽에 있는데 상제(上帝)와 황제의 조상신위를 모신 건물로 기년전의 축소판이다. 예술성이 높은 독특한 품격의 건축물로 내부 장식도 화려하다. 황궁우를 원형으로 들러싼 회음벽(回音壁)은 2인이 벽 안쪽에 동서로 위치해 북쪽을 보며 조그마하게 이야기해도 서로 들을 수 있다.

비림(碑林)은 서안(西安) 시내의 섬서성 박물관 내에 보존되어 있다. 송 원우(元佑) 5년(1,090)에 창건하였는데, 원래는 당대의 〈개성석경(開成石經)〉을 보존하기 위하여 설립된 비석의 집중지였으나, 이후 끝없이 비석이 첨삭되어 현재에는 한대에서 청대에 이르는 1천여 개의 석각이 있어 중국 서법예술의 보고라고 할 수 있다.

사천성 성도시(成都市) 남쪽에 있는 무후사(武侯祠)는 제갈공명을 위하여 지은 사당으로 무후란 공명이 살았을 때 받은 무향후(武鄕侯)라는 작위에서 따온 것이다. 이곳에는 그가 섬긴 유비의 묘도 함께 있는데, 유비는 죽은 뒤 시호가 소열제(昭烈帝)라고 칭해졌다. 그래서 그 문에는 한소열묘(漢昭烈廟)라고 되어 있지만, 사람들은 이 곳을 무후사라고 부른다. 군주와 승상이 함께 묻혀 있으나 사람들은 승상을 더 높이 치고 있는 것이다. 지금의 무후사는 청대 재건되었지만 당대 세워진 비석이 아직 남아 있으니 그것이 이른바 삼절비(三絶碑)이다. 이 비는 당 헌종(憲宗) 때인 809년에 세워진 것으로 비문은 배도(裵度)가 짓고 글씨는 유공작(柳公綽)이, 조각은 노건(魯建)이 하여, 절세 명인 3인이 만든 비라 하여 삼절비라고 한다. 이밖에도 40여기나 되는 비석이 세워져 있다. 이 사당은 대문(大門)·이문(二門)·유비전(劉備殿)·과청(過廳)·제갈량전(諸葛亮殿)의 다섯 겹으로 되어 있고, 건축양식은 전형적인 사합원(四合院)으로 이루어져 있다. 유비전에는 3미터 높이의 유비

초상이 있고, 동쪽 편전에는 관우(關羽) 부자·주창(周倉)·조루(趙累), 서쪽 편전에는 장비 조손(張飛祖孫) 3대의 초상이 있다. 동쪽 복도에는 문신 서쪽 복도에는 무신이 나란히 서 있다. 제갈량전 안에는 제갈공명의 초상과 구리로 만든 3개의 북이 있다. 이 북은 남쪽 소수민족의 전통악기인 동시에 권력과 재력의 상징이었다.

김인호

서울대학교 중문학과 졸
동대학원 중문학과 졸업(문학박사)
현 동의대학교 중문학과 교수

저서

『巫와 중국문화와 경전 저서』
『巫와 중국문학』
『楚辭와 무속』 외 다수

현대 중국의 이해

초판 발행 _ 2018년 12월 31일

저　　자 • 김 인 호
발 행 인 • 정 현 걸
발　　행 • 신 아 사
인　　쇄 • 대명프린팅
주　　소 • 서울시 은평구 통일로 59길 4(2F)
전　　화 • 02)382-6411 · 팩스 02)382-6401
홈페이지 • www.shinasa.co.kr
E-MAIL • shinasa@daum.net
출판등록 • 1956년 1월 5일 (제9-52호)

ISBN 978-89-8396-302-4(93300)
저자와의 협의로 인지를 생략합니다.

정가 13,000원

이 저서는 교육부의 산업연계교육활성화선도대학(PRIME)사업 사업비를 지원받아 집필한 저서임